最新保育講座 10

保育内容「言葉」

柴崎正行・戸田雅美・秋田喜代美 編

ミネルヴァ書房

はじめに

保育内容「言葉」を学ぶ人のために

　みなさんは保育内容の「言葉」の指導と聞くと，どのようなことをイメージしますか。私が知っている学生たちは，子どもに言葉を教えること，正しい言葉の使い方を教えること，などという答えが返ってくることが多いように思います。時には，国語の授業のようなことをイメージすることもあるようです。

　ところで，言葉はどのような存在でしょうか。みなさんにとって，言葉を話すことはあまりにも「あたりまえ」のことなので，改めて考えてみることもないかもしれません。私は，保育内容の「言葉」の授業のなかで，ほんの10秒くらいで話せるような話をノートに書いてもらって，それを，言葉を使わずに友達に伝えてもらうというワークショップをすることがあります。やってみると，身振り手振りで一生懸命に頑張っているのに，なかなか相手に伝わらないという「もどかしさ」を味わうことになります。言葉は，人間にとって本当に日常的ではあるけれども，とても大切なコミュニケーションの手段だということを改めて実感します。しかし，言葉の存在はそんな小さなものではありません。文学などのスケールの大きな想像の世界は言葉がなければ構築できませんし，言葉がなければ嘘をつくこともなかなか困難です。あれこれと考えをめぐらせたりする時にも，頭のなかでは言葉が大活躍していることがわかるでしょう。

　人間は生まれた時から言葉を話せるわけではありません。育ててくれる大人が語りかける言葉と，その子どもの生きる世界が少しずつ結びついて，子どものなかに言葉の世界がつくられていきます。子どもが，楽しそうにしている時に，保育をする大人がどのような言葉で語りかけるのか，興味をひかれるものに出会った時に，どんな言葉で語りかけるのか，それが，子どもの言葉の世界をつくっていきます。言葉という人間のもつ文化の豊かさを，保育者はいったいどのように育くんでいくことができるのかという大きなテーマをめぐる学びが，保育内容の「言葉」なのです。

子どもの思いに寄り添って「言葉」の世界を広げること，「言葉」でつくられるお話の世界に子どもとともにひたること，子どもが考えを巡らせるプロセスに「言葉」で付き合うこと，そこには，単に言葉を教えるとか，正しい言葉を教えるということではない，もっと人間らしい根源的な営みがあります。そのためには，保育者として「言葉」のセンスを磨くこともとても大切です。なぜならば，保育の対象である乳幼児は，大人が教えようとした「言葉」だけを覚えるわけではなく，大人が使う言葉のすべてを丸ごと吸収するかのように育っていくからです。子どもたちにとって，保育者は「言葉」の世界への導き手であり，モデルでもあります。

　新しく育てていく学力として「言葉」が注目されるようになりました。それとともに，新しい幼稚園教育要領や保育所保育指針でも，「言葉」の大切さが強調されました。今後，世界で活躍する子どもたちにとっては，「言葉」で考えたり，「言葉」で表現していくことの重要性は増していくことでしょう。そのためにも，子どもたちの「言葉」との最初の出会いを豊かにできる保育が展開されることが期待されています。

　2010年3月

戸田雅美

もくじ

はじめに

第1章 保育の基本と領域「言葉」 1

1 乳幼児期の発達と保育 ─── 3
- ① 乳幼児期の発達的な意味 3
- ② 保育という言葉の意味 4
- ③ 保育所や幼稚園における保育は家庭の育児とどう違うのか 5
- ④ 家庭と保育施設では言葉の獲得過程が違っているか 6

2 保育の基本とは ─── 6
- ① 子どもとの信頼関係を築くこと 7
- ② 乳幼児期にふさわしい生活を展開すること 7
- ③ 健康・安全で生活しやすい保育環境を整えること 8
- ④ 遊びを通して総合的な指導を展開していくこと 9
- ⑤ 一人ひとりの発達の個人差に配慮すること 10
- ⑥ 養護と教育を一体的に展開していくこと 10

3 保育の専門性とは ─── 11
- ① 子どもを理解すること 11
- ② 指導計画を作成すること 12
- ③ 保育実践を展開すること 12
- ④ 保育を評価し改善すること 13

4 領域「言葉」と保育内容 ─── 14
- ① 保育内容とは 14
- ② 「領域」とは 15
- ③ 「ねらい」と「内容」とは 16
- ④ 領域「言葉」の「ねらい」と「内容」とは 16
- ⑤ 保育課程や教育課程と領域「言葉」 17
- ⑥ 指導計画の作成と領域「言葉」 18

乳幼児の言葉の発達を支えているもの 21

- **1 乳児の有能さと身体的関与** —— 23
  - ① 生まれつきの有能さ 23
  - ② 代弁し見つめ合う者としての養育者 24
  - ③ 子どもの行動発達と3項関係によるコミュニケーション 26
- **2 保育者との関係性と言葉の発達** —— 28
  - ① 響き合って楽しむ 28
  - ② くらしのなかで言葉を育てる 29
- **3 談話への参入と仲間との対話の成立と発達** —— 32
  - ① 親密な2者関係の変化と言葉 32
  - ② 3者以上の関係のなかでの言葉の発達 36
  - ③ 一斉での対話世界へ 38

乳幼児のことばの発達をどう理解するか 41

- **1 ことばとしての身体表現** —— 43
  - ① 身体が語ることば 43
  - ② ことばが生まれる前 45
  - ③ ことばの発達のおおまかな道筋 46
- **2 コミュニケーションとしてのことば** —— 47
  - ① コミュニケーションとは 47
  - ② 響き合うことばのやりとりとは 48
- **3 「なんで」「どうして」という質問を通して育つもの** —— 50
  - ① 知りたがりやの幼児期 50
  - ② 園生活が育む好奇心 51
- **4 友だちとのおしゃべりやトラブルを通して育つもの** —— 53
  - ① 友だちとのかかわりから深められるもの 53

❷　トラブルを通して育つもの　53
❺　なりきることやごっこ遊びを通して育つもの────────── 56
　　　❶　イメージの共有　56
　　　❷　深められていくことば　57
❻　文化財との出会いにより育つもの──────────────── 59
　　　❶　文化財との出会い　59
　　　❷　子どもの心に響く絵本　60

第4章 領域「言葉」と保育方法　63

❶　領域「言葉」について─────────────────────── 65
　　　❶　領域の考え方と領域「言葉」　65
　　　❷　他の領域と領域「言葉」の関係　67
❷　領域「言葉」のねらいと保育者の役割────────────── 70
　　　❶　幼稚園教育要領と保育所保育指針　70
　　　❷　領域「言葉」の特徴と保育者の役割　73
　　　❸　小学校における学びの基盤として　77
❸　環境構成と領域「言葉」───────────────────── 78
　　　❶　環境構成とはどのようなことか　78
　　　❷　言葉の豊かな育ちを支える環境　79
❹　指導計画と領域「言葉」───────────────────── 81
　　　❶　言葉を育てる保育のデザイン　82
　　　❷　言葉の育ちを確かめる長期の指導計画　82
　　　❸　言葉を育てる援助を確かなものにする短期の指導計画　83
❺　保育の評価と領域「言葉」──────────────────── 84
　　　❶　保育の評価とは　84
　　　❷　保育の評価と言葉の育ち　85
❻　保育の方法を実践に生かす──────────────────── 86

領域「言葉」と保育の実際　89

1 乳児が安心して言葉や動きで表現する ─────────── 91
　❶ 乳児が安心して言葉や動きを表現するようになるプロセス　91
　❷ 乳児が安心して言葉や動きを表現するようになるために必要なこと　95

2 興味や関心をもって保育者や友達の話を聞く ─────── 96
　❶ 交わされる言葉・耳にする言葉──発達による特色　96
　❷ 「聞く」ことを通して体験していることと援助のポイント　98
　❸ 子どもが，興味や関心をもって保育者や友達の話を聞くようになるための配慮点　101

3 体験や考えを自分なりの言葉で相手に伝える ────── 102
　❶ 自分なりの言葉で体験や考えを伝えるようになっていく過程　103
　❷ 子どもが自分なりの言葉で体験や考えを伝えていくようになるための援助のあり方　108

4 いろいろな体験を通してイメージや言葉を豊かにする ── 109
　❶ さまざまな自然と出会い，かかわる子どもの姿　110
　❷ 豊かな体験を支える保育者の役割　112

5 絵本や紙芝居に親しみ，創造する楽しさを味わう ──── 114
　❶ 身近に絵本や紙芝居と出会う機会を大切にする　115
　❷ 教材研究を十分にし，絵本・紙芝居との出会いを積極的につくる　116
　❸ 絵本や紙芝居との豊かな出会いをつくる援助のポイント　118
　❹ 絵本や紙芝居をつくる楽しさを味わえるように　119

6 文字で伝える楽しさを味わう ───────────── 121
　❶ 文字に親しむ・文字を使う子どもの姿から　121
　❷ 文字への豊かなかかわりを育む援助のポイント　122

領域「言葉」と実践上の留意点　125

1 言葉を交わす喜びが基礎になる ──────────── 127
　❶ まずは安定した自分づくり　127
　❷ 「豊かさに象徴される直接体験」──感情のオーバーフロー　130

❸ 温かな人間関係は言葉を育む温床　131

2 生活のなかで必要なあいさつをするとは —— 133
❶ 誰も希薄な人間社会を望んでいないのに……　133
❷ 幼児期における「あいさつと潜在意識」　134
❸ 生活を見通せる力を培うきっかけ　136
❹ お互いが向かい合える気持ちよさを求めて　138

3 皆の前で話をすることの意味とは —— 139
❶ 満足感，達成感，そして有能感へ　139
❷ 協同的な取り組みと自分さがし　142

4 絵本や物語を皆で聞くことの意味とは —— 143
❶ 身近な所で，身近な人と，気軽に味わえる奥深い体験　143
❷ 実体験とイメージの相互乗り入れ　145
❸ 共通の絵本を通した協同的な思考　146

5 言葉に対する感覚とは —— 147
❶ 同年齢だからこそ感じ合える　147
❷ ニュアンスと概念　149
❸ 思いと行為の狭間で生きる「言葉の役割」　150

6 文字や絵本に関心をもつようになるには —— 151
❶ 「聞くこと・話すこと」から「書くこと・読むこと」へ　151
❷ 関係性をつなげるものとして——手紙が書きたい！　153
❸ イメージの共有と生活する姿　154

第7章

領域「言葉」と保育の総合性
——劇遊びの事例を通して—— 161

1 「劇的表現のなかの言葉」の実際 —— 163
❶ ある幼稚園の「生活発表会」の取り組みから　163
❷ 劇「どろぼうがっこう」グループの取り組み　163
❸ 取り組みの実際　164
❹ エピソードから考える「劇的表現のなかの言葉」　169

2 子どもにとっての劇的表現とは —— 170
❶ 劇的表現と言葉　170
❷ ごっこ遊びと劇的表現の行き来　172

3 劇的表現のなかの言葉を育む援助 —— 172
❶ ばらばらのイメージを共通のイメージへ　173

- ❷ 「劇的表現」にならずに，「ごっこ遊び」になってしまう時には　173
- ❸ 個々の取り組みの差をどう考えるか　173
- ❹ さまざまな経験の積み重ねが生きる　174
- ❺ 子ども同士の意見のぶつかり合いが生じた時　174
- ❻ 協同的な活動としての「劇的表現」　174

第8章 領域「言葉」の変遷　177

1. 明治期 ──────────────────── 179
    - ❶ 東京女子師範学校附属幼稚園の保育内容　179
    - ❷ 「幼稚園保育及設備規程」の制定　180
2. 大正期から昭和初期 ──────────── 180
3. 戦後──保育要領の時代 ────────── 181
    - ❶ 「学校教育法」の制定　181
    - ❷ 「保育要領」の制定　182
4. 6領域時代 ──────────────── 182
    - ❶ 「幼稚園教育要領」の制定　182
    - ❷ 「幼稚園教育要領」の改訂──1964年　183
    - ❸ 保育所における「保育所保育指針」の刊行　184
5. 5領域時代 ──────────────── 185
    - ❶ 「幼稚園教育要領」の改訂──1989年　185
    - ❷ 「幼稚園教育要領」の改訂──1998年　186
    - ❸ 「保育所保育指針」の改訂──1990年および1999年　187
    - ❹ 「幼稚園教育要領」と「保育所保育指針」の改訂──2008年　187

各章扉裏イラスト：大枝桂子

第1章

保育の基本と領域「言葉」

　私たち人間は，言葉を通してお互いの思いや考えを理解しあっていきます。こうしたコミュニケーションの手段としての言葉は，乳幼児期においていったいどのように獲得されていくのでしょうか。またその獲得の過程において，園生活やまたそこで出会う保育者や友達はどのような役割を果たしているのでしょうか。

　この章では，言葉の獲得過程における家庭と乳幼児期の園生活の違いを明らかにするとともに，保育所や幼稚園といった保育施設の生活における言葉の獲得過程が，どのような基準によって保障されているのかについても具体的に解説していきます。特に，保育施設における保育内容の基準としての保育所保育指針や幼稚園教育要領の基本的な考え方，さらには保育内容を示す領域やねらいや内容の考え方などについても，具体的に解説していきます。

第1節 乳幼児期の発達と保育

❶乳幼児期の発達的な意味

　乳幼児期は，他の動物と違ってまだ自分の力だけでは生きていけない状態です。保護者や保育者などに養育してもらうことにより，生活を営んでいけます。しかし，この時期の子どもたちは，決して受け身に生きているわけではありません。養育してもらいながらも周囲の環境に自発的に働きかけながら，生活の仕方やコミュニケーションのとり方，そして人として生きていくための基礎などを学んでいくのです。その意味で，乳幼児期は人間として生きていくために必要な基礎を獲得している時期であるともいえるでしょう。

　エリクソン，E. H. [1] も述べているように，乳児期は親などの保護者に適切な養護をしてもらえることにより，身近な大人に対する基本的な信頼感を獲得していく時期です。この信頼感を身につけることにより，自分が困ったときには信頼できる大人を頼ることができるという人間に対する肯定的な感情をもつことができるようになり，情緒的な安定感を得ることができるようになります。

　また幼児は，こうした信頼できる大人からの養護を受けながら，次第に自ら生活習慣の自立へと向かっていきます。そのときに，初めからうまくいくわけではありません。食事中にこぼすことや，排泄に失敗しておもらしすることもあります。しかし，そばにいる保護者や保育者の肯定的な励ましを受けることにより，だんだんうまく自分の身体をコントロールできるようになり，自律性に自信をもてるようになります。こうした身体の自律性を獲得することにより，自立へと向かっていけるのです。

　さらに，乳児期には表情や動きにより，自分の意思を伝えていた子どもたちも，保護者や保育者とのコミュニケーションを通して，次第に言葉によって自分の思いを伝えられるようになっていきます。これが言葉の獲得です。その詳しい獲得過程については，本書の後の章で詳しく説明していきましょう。

▶1　エリクソン，E. H. (1902-1994)
　アメリカの精神分析学者。心の発達を，精神分析学と社会的役割理論とを統合して，社会と個人との葛藤の過程という側面から分析し，自我の発達という概念を確立しました。

このように乳幼児期は，人への基本的な信頼感や身体的な自律性の獲得を通して自立心が芽生え，言葉の獲得によって周囲の大人や子どもたちと意思の疎通が図れるようになるという，人間として生きていくための基礎を培っている段階であるといえるのです。

❷保育という言葉の意味

　乳幼児期は，信頼できる大人を頼りながら，人間として生きていく力の基礎を培っていく大事な時期であることは，すでに述べました。こうした大事な時期を，すべての子どもたちが家庭で安心して過ごせるとは限りません。親や家族が仕事に従事していたり，親が別れたり亡くなったりするなど，さまざまな事情から，親が養育できるとは限らないこともあります。しかし，乳幼児にそんな事情に応じていけるわけもなく，与えられた環境の下で成長していくしかないのです。

　そうしたさまざまな状況のために，養護施設や保育所において生活の大半を過ごす乳幼児もたくさんいるのです。また最近では，家庭においても子育てに自信のもてない親が増えつつあります。このような多様な事情があったとしても，すべての乳幼児は安心できる環境のもとで充実した生活を保障され，それぞれが最善の利益を受けられる権利を有しているといえます。それを保障するのが，保育所や養護施設などの児童福祉施設でもあります。そこでは親に代わり，専門的に保育を行う大人すなわち保育者が働いています。

　ところで保育所や保育士など，現在は当たり前のように使われているこの保育という用語は，わが国においていつ頃からどのような意味で使われるようになったのでしょうか。『保育用語辞典』[2]によれば，すでに明治9（1876）年にわが国で最初に設立された幼稚園である東京女子師範学校附属幼稚園[3]（現在のお茶の水女子大学附属幼稚園）の園規則において，この「保育」という言葉が使用されています。このことから明治時代の初めの頃から，保育という用語は使用されるようになったと考えられています。

　また，昭和22（1947）年に公布された学校教育法では，その第77条において幼稚園の目的を定めていますが[4]，そこには「幼稚園は幼児を保育し，……」というように保育という用語が使用されています。その草案を作成した坂元彦太郎氏[5]は，「保育とは，保護・教育の略」として用いたとしています。

➡2　森上史朗・柏女霊峰（編）『保育用語辞典（第5版）』ミネルヴァ書房，2009年

➡3　東京女子師範学校附属幼稚園
　明治9年に設立されたわが国最初の本格的な幼稚園。初代の監事は関信三であり，主席保母はドイツのフレーベルの保母養成所を卒業した松野クララ，保母に豊田芙雄と近藤濱が就任し，フレーベル流の恩物中心主義の保育を展開しました。

➡4　2007年の学校教育法改正により，幼稚園の目的は第22条に移行されました。

➡5　坂元彦太郎（1904～1995）
　教育学者。文部省青少年課長，初等教育課長を経て，岡山大学，お茶の水女子大学等で教鞭をとった後，十文字学園女子短期大学学長を務めました。昭和22年に発布された「学校教育法」の草案をつくったことや幼児教育の発展に尽力したことで知られています。

このように保育という言葉は，乳幼児の生命を保障する「養護」と，乳幼児の成長を助長する「教育」とが一体となった言葉であるといえます。

❸保育所や幼稚園における保育は家庭の育児とどう違うのか

　では家庭における育児と，認可された保育所や幼稚園などで行っている保育とは，その意味がどう違っているのでしょうか。保育所や幼稚園などは，その施設や設備などの保育環境が国の最低基準や設置基準に応じて設置されています。またそこで実施されている保育は，保育士資格や幼稚園教諭の資格をもった保育者が担当しています。そして国の基準としての保育所保育指針や幼稚園教育要領に基づいて各園で編成した保育課程や教育課程を基盤としながら，子どもたちの生活の実態に即して指導計画を作成し，それを念頭に置きながら実際の保育を展開することにより，子どもたちの成長を助長していきます。このように保育所や幼稚園の保育は，保育環境はもちろんのこと，その保育内容や保育実践においても国の基準があり，それに基づいて資格のある専門家によって実施されているのです。

　一方で，家庭における育児は，身近な大人である親や家族が担当し，決して資格や専門性に依拠しているものではありません。それぞれが自分が子どものときに育てられた経験や，育児雑誌などの知識を参考にしながら，試行錯誤をしながら体得していくものです。その意味では，家庭における育児は，保育所や幼稚園のような保育施設での保育のように，どのような子どもたちにも対応できるものでは必ずしもないといえるでしょう。また，家庭で育児の対象となる子どもたちは人数も数人と限られています。

　このように，家庭における育児と保育施設における保育とは，その専門性という点で基本的に異なっているのですが，子どもにとってはどちらが良いというのではなく，どちらも必要なものなのです。また基本的な信頼感に基づいて行っていくものであるという意味では，どちらも共通しているといえるでしょう。

❹家庭と保育施設では言葉の獲得過程が違っているか

　乳幼児期の子どもたちは，言葉を獲得している過程の子どもたちです。まだ自分の知らない言葉もたくさんありますし，話そうと思ってもどう伝えたらよいのかわからず，思い通りに話せないことも多々あります。そのために周りに思いが伝わらず，保育者や子どもたちとトラブルになることもよくあります。また，まだ人前で何かを話そうと思っても，うまく話せない子どもたちもたくさんいます。

　このような状態なので，保育のなかで乳幼児は保育者が状況にあわせて使っている言葉を理解し，自分も状況にあわせながら自発的に使うことにより獲得していきます。家庭での育児でも，親などの身近な大人が用いている言葉を理解し，次第に自分でも使えるようになっていきます。こうして乳幼児たちは，家庭や園などで周りの人たちの使っている言葉を理解し，自分もその状況に応じて積極的に使ってみることによってその言葉を獲得していくのです。

　このようにみると，家庭と園では言葉の獲得の過程に基本的な違いはみられないといえます。しかし，保育施設では，たくさんの子どもたちが生活しています。また絵本などの文化的な刺激もたくさんあります。そのために，新しい言葉を獲得していく早さは，保育施設の方が早くて確実であるといえるかもしれません。家庭の場合には，保護者の会話力や文化的な環境に個人差があるといえます。豊かな家庭もあれば，乏しい家庭もあります。こうした違いが大きいため，時には家庭における言葉の環境が不足していて，言葉の発達に遅れが生じる場合もないわけではありません。こうした子どもたちも，保育所などで豊かな言葉環境に置かれると，言葉の発達が順調に追いついていくことがあります。

第2節 保育の基本とは

　保育所や幼稚園などにおいて実施されている保育は，保育者による専門的な実践であることはすでに述べました。では専門的な仕事とし

ての保育とは，どのようなことを基本にして実践しているのでしょうか。次に，そのことについて明確にしておくことにしましょう。

❶子どもとの信頼関係を築くこと

　保育所や幼稚園の保育において，乳幼児は親に代わる担当保育者の援助を受けながら集団生活を展開していきます。しかし，園生活は家庭生活と違ってたくさんの子どもたちのなかの一人として存在することになります。そのために子どもたちは，自分がうまくできないときや行き詰ったときなどに，親に代わる保育者がちゃんと対応してくれるかどうか不安になります。たとえば，トイレに失敗したときや，食事中にこぼしてしまったとき，集団活動がうまくできないときや他の子とケンカしたときなど，叱られるのではないか，集団の一員として否定されるのではないかなど，心配になります。そんなときに，「残念だったね」「心配しなくていいのよ」「今度は気をつけてね」などの温かい言葉や励ましをかけてもらえることは，何よりも安心感を得られることになります。こうした安心感の得られる生活が保障されていくことにより，その保育者を信頼することができるのです。

　こうして，園生活に対して安心感を抱けるようになり，さらには保育者に対して信頼感がもてるようになると，子どもたちは自分から積極的に園生活を展開していくようになります。いいかえると，自分が園生活の主体者となって参加するようになっていきます。

　その意味で保育者が子どもたちとの間に，こうした信頼関係を築くことが保育の基本となるのです。

❷乳幼児期にふさわしい生活を展開すること

　保育所や幼稚園はどのような生活を展開する場なのでしょうか。保育所保育指針や幼稚園教育要領では，保育所や幼稚園においては乳幼児期にふさわしい生活を展開するように求めています。では乳幼児期にふさわしいとは，どのような内容なのでしょうか。

　保育所や幼稚園に通ってくるのは，まだ乳幼児期の子どもたちなので，親からなかなか離れられない子もいますし，生活習慣の大部分を大人に依存して生活をしている子もいます。自分の思いをうまく言葉で伝えることのできない子どもたちもいますし，まだ友達とうまく遊

べない子もいます。そうした状態の子どもたちが，園で1年間，2年間と集団生活をともにしながらお互いに刺激しあうことで次第に成長していくのが，保育所や幼稚園の園生活なのです。その意味では，小学校以上のように教材を用いて学習をする以前の状態であるといえます。そこでは，まずは食事や排泄，着替えといった基本的な生活習慣が自立に向かっていくことが必要ですし，小学校以降の学習に必要な話し言葉の獲得や，友達と集団で活動できるようになることなども必要です。

したがって，保育所や幼稚園などでの乳幼児期にふさわしい生活とは，大人に依存していた基本的な生活習慣が次第に自立へと向かっていくことや，保育者や友達と言葉を用いてのコミュニケーションがだんだんと上手になっていくこと，さらには周囲の子どもたちとも次第に親しくなり一緒に遊べるようになっていくことなどが，園での生活のなかで実現していける生活であるといえるでしょう。

いいかえると乳幼児期にふさわしい生活とは，小学校以上の学習を先取りするようなものではなく，一人の人間として自立して生きていくための基盤となる基本的生活習慣や言葉，友達関係などをしっかりと学んでいくことなのです。

❸健康・安全で生活しやすい保育環境を整えること

保育所や幼稚園が，こうした安心して過ごせて成長していける場となるためには，保育者は何を保障しどのようなことに配慮することが必要になるのでしょうか。

その第1は，安全で健康な園環境を保障することです。子どもたちが頻繁に怪我をしたり病気になったりするのでは，子どもたち自身はもちろんのこと保護者も安心して園に通わせることができません。そうならないためには，園内の環境を定期的に見直して，危険な場所や危ない遊具はないか，また遊具や水や砂など子どもたちがふれるものが衛生的であるか，また日当たりや照明や換気などが適切であるかなど，安全性と衛生面については常に見直しと配慮をしていくことが求められてきます。

第2は，生活リズムが健康的に展開されていくことです。特に保育所は乳児から在園しているので，食事と休息のリズムや活動と睡眠のリズム，さらには個と集団の活動リズムなど，さまざまなリズムがあ

ります。それらが日々適切に生みだされて生活が健康的に展開されていくことが大事になってきます。その意味でも，毎日の生活の流れのなかで散歩や運動遊び，さらには給食やお昼寝というような活動を，どのような時間帯に設定するかがとても大きな意味をもってきます。

　第3は，情緒の安定した生活にしていくことです。危険は必ずしも環境的な側面により生みだされるとは限りません。子どもたちが心理的に落ち着かない状態では，トラブルなどが生じやすくなり，固定遊具などではそれが原因で怪我をすることもあります。また情緒的に不安定な状況が長く続くと，それが原因になり体調を壊すこともあります。そのために子どもたちが保育者との間に信頼関係を築き，情緒的に安定していくことは，とても大事になるのです。

　こうした情緒的な安定感は，保育者との信頼関係はもちろんのこと，周囲の子どもたちとの間に信頼関係を構築することも必要になります。どの子もクラスの一員としての存在感がもてるようになることや，お互いに相手を認め合えるようになっていくことなども大切なことです。

❹遊びを通して総合的な指導を展開していくこと

　乳幼児はよく遊びます。園生活の多くは，この遊びへの取り組みで費やされていきます。しかしこの遊びも，個々の子どもたちにとって充実したものとならなければ成長には結びついていきません。そこで園環境が，子どもたちにとって自発的・意欲的に遊びに取り組める環境になっていくことが必要です。楽しんで遊んでいる様子が見やすくて，そこに一緒に参加しやすいものであることや，使ってみたい遊具や道具そして素材が十分にあることなど，子どもたちの遊びが充実していくためには，適切な環境があることが求められてきます。

　こうした遊びのなかではさまざまな活動が展開されていきますし，そこで多様な体験がなされていきます。この体験の豊かさこそが，子どもたちの成長を生み出していくのです。遊びを通しての総合的な指導とは，子どもたちが遊びながら豊かな体験を積み重ねていけるような環境を構成していくことや，そのなかで行き詰ったときには必要な援助をしていくことなどをさしているのです。

　また遊びを通しての総合的な指導とは，保育のなかでこうした遊びを通して成長に必要な体験が総合的に積み重ねられていくことを意味しているのです。子どもたちは3年間，4年間と園生活での保育を積

み重ねながら，さまざまな遊びに取り組み，成長に必要な多様な体験を積み重ねていくのです。

❺一人ひとりの発達の個人差に配慮すること

　乳幼児期の子どもたちの発達は，一人ひとり異なっています。その違いには，いくつもの要因があります。

　まず第1は，発達のペースの個人差です。平均的にみると，ひとり歩きは1歳前後で始まりますが，早い子は8か月頃から，遅い子は1歳半頃に歩くようになります。このように乳幼児の発達のペースは，それぞれ早さが異なっているのです。そのために年や月数が同じであっても，その発達の実態はさまざまな状態であるといえます。

　第2は，発達の側面はすべてが遅いとか早いというわけではありません。言葉の発達の早い子が運動面では発達が遅いこともありますし，その反対に歩き始めは早かったのに，言葉の発達が遅いということもあります。このようにそれぞれの側面の発達の過程は，個々の子どもによって異なってくるのです。

　また第3に，こうした発達のペースの違いや発達しやすい側面の違いを生み出す要因として，各々の子どもたちの興味や関心の違いがあります。早くから動く玩具に関心を示す子どももいれば，絵本に関心を示す子どももいます。さらには言葉に関心を示す子どももいます。

　こうした個々の関心の違いを大事にしていくことも，乳幼児期の保育を展開していくときの基本となります。

❻養護と教育を一体的に展開していくこと

　2008年の保育所保育指針の改定に当たっては，保育所の保育は養護と教育が一体的に展開されるものであることが強調されました。それはどういう意味なのでしょうか。養護とは，食事や排泄のように生命にかかわる側面と情緒の安定にかかわる側面とを含んでおり，人として安心して生きていくための基本的な部分であるともいえます。それに対して教育という部分は，人として生きていくために必要な感性や知性そして健康な身体の発達といった側面を含むものであり，他者とかかわり文化を享受しながら人として豊かに生きていく部分であるともいえます。

この養護と教育の両側面は，子どもたちの生活のなかでは決して別々に体験されていくわけではありません。たとえば，食事の場面では，保育者に食べさせてもらう部分は養護の側面として捉えられますが，自分から友達と語らいながら和やかに食べたり，食べ物について知りたがったりしたならば，教育的な側面でもあるといえます。このように保育という営みは，養護的な側面と教育的な側面とが一体的に展開されていくものです。

　保育所や幼稚園において，保育者は子どもを一人の主体として尊重し，情緒の安定を図りながら教育的な経験ができるように援助していくなど，この両側面を区別することなくかかわっていきます。この態度こそが，養護と教育を一体的に展開するという意味なのです。

第3節　保育の専門性とは

　保育所や幼稚園における保育は，自由気ままに展開されているわけではありません。そこには子どもたちの実態に合わせながらも，子どもたちの成長を見通してかかわる保育者の専門的なかかわりがあります。それでは保育者の専門性とはどのようなものなのでしょうか。保育者の専門性を，保育の実践が展開されていく過程から見ていくことにします。

❶子どもを理解すること

　保育実践は，子どもたちを理解することから始まります。では，子どもたちのどのような側面を理解していけばよいのでしょうか。

　子どもたちは園生活を通して自立の方向に向かって成長していきます。そこで，まずは生活習慣がどこまで自立しているのかを理解し，できることは任せていくことが必要になります。

　次に子どもたちは園での遊びのなかで，興味や関心をもったことに取り組んでいきます。こうした取り組みの内容を理解することで，今どのような活動へのどのような援助が求められているかが見えてきます。

さらに子どもたちと保育者や友達との関係性も日々変化していきます。その関係性の変化に応じて保育者がかかわっていくことや，友達関係に応じた援助のあり方も大事になるのです。
　このように，いくつもの側面から，子どもたちを理解することが求められてきます。

❷指導計画を作成すること

　こうした子ども理解を基にして，今自分の保育で何をどのように大事にしていけばよいのかという，具体的な保育実践の方向性を見通すことができます。こうして子どもたちとの生活の方向性をプランニングしていくものが，指導計画です。その意味で，指導計画は子どもたちとともに描いていく生活プランであるともいえるでしょう。
　また，子どもたちの生活は計画通りに進んでいくとは限りません。天候などのちょっとした変化によって，計画とは大きく異なっていくこともあります。その場合には，子どもたちの実際の生活を優先させていきます。その意味では指導計画は，立てた通りになるとは限らないのです。そのために指導計画はあくまでも計画として，柔軟に対応していくことや，場合によっては修正していくことが求められています。

❸保育実践を展開すること

　こうした指導計画を基にして，実際の保育実践が展開されていきますが，その実践の内容としては大きく2つあります。
　1つは子どもたちの活動への取り組みを環境という間接面から援助していくことです。これを環境構成と呼んでいます。保育実践における環境としては，具体的には場や空間，遊具や教材といったモノ，さらには保育者や友達といった人，さらには活動をどのくらい継続できるかという時間や，その活動の雰囲気など，さまざまな要素があります。こうした保育環境の要素をどのように構成したり，再構成していくかによって，活動の展開のあり方は変わっていきます。
　もう1つは保育者が直接的にかかわっていくことです。これを保育者の援助と呼んでいます。この保育者の直接的な援助の内容としては，子どもたちの不安な気持ちや失敗した悲しさなどを温かく受容してい

くことや，行き詰ったときに手伝ってあげること，わからないことやできないことに直面したときには，ヒントを出したりやり方を教えてあげることなど，さまざまな内容があります。

❹保育を評価し改善すること

　保育が終わった後には，保育者は個人や関係者でその日の保育実践を振り返ります。これを保育の自己評価といいます。保育の自己評価には，その日の保育実践の振り返りはもちろんのこと，その週やその月というような単位での保育実践についても振り返ります。そうした振り返りによる自己評価は，担任が一人でする場合もありますが，多くは他の担当者や関係者なども含めて複数で行います。

　保育の評価内容は，こうした保育の過程に沿ったものということができます。まずは保育実践を通して見た子どもたちの姿から，子どもたちの実態の理解が適切であったかどうかを評価します。もし不適切であれば，子どもたちの実態の読み取りを見直すことになります。

　次に，指導計画の適切性を評価します。それは保育実践の終了後に，その期間の指導計画で設定したねらいや内容が適切であったか否かを評価します。自己評価の結果は，次の期間の計画を作成するときに修正していきます。

　最後に保育実践の評価をします。環境構成は適切であったか，直接的な援助は適切であったかを，具体的に見直します。このような評価をした後に，その評価を基にしながら次の保育実践を再び見通して，改善や修正をしていきます。

　このように，保育者は，子どもを理解し，その興味や関心の実現を通して子どもが発達していけるように，先を見通した指導計画を作成し，それに基づいて環境を構成したり，個々の子どもたちの発達に必要と思われる援助をするなどの保育実践を展開していきます。また，こうして保育実践を終えたあとには，この保育の過程を振り返って見直して評価し，改善が必要なときには修正していくのです。

第4節 領域「言葉」と保育内容

❶保育内容とは

　保育所や幼稚園においては，子どもたちと生活をともにしながら，子どもが自分たちで主体的に生活を展開できるように生活習慣を身につけることや，友達との遊びを通して人間として生きていくための基礎を大切に育てていきます。こうした人間形成の基礎となる力としてどのようなものが大事になるかが，保育所保育指針や幼稚園教育要領に保育内容として示されています。

　保育所保育指針には，0歳から小学校就学までの子どもたちの保育内容が基準として示されています。その内容は「養護」と「教育」という2つの側面に分けられています。「養護の側面」は生命や情緒の安定に関する側面であり，「教育の側面」は生涯にわたり人間としてたくましく生きていく力の基礎を培うものであり，「健康」「人間関係」「環境」「言葉」「表現」という5つの領域によってその内容を示しています。

　幼稚園教育要領は，満3歳から小学校就学に至るまでの幼稚園に在園している子どもたちの教育内容の基準を示しています。その内容は，2006年に改正された教育基本法の第11条に示された，「幼児期の教育は，生涯にわたる人格形成の基礎を培う重要なものである」ということとも関連しており，単に小学校以降の義務教育の基礎を培うだけでなく，生涯にわたり健全な人間として生きていくための人格の基礎を培うことを目的としているのです。そうした発達的に重要となる内容を「健康」「人間関係」「環境」「言葉」「表現」という5つの領域に区分して示しています。

　就学前保育としての保育所の基準と，幼稚園の基準とが違っていて，それぞれの体験していく内容に違いがあるといけないので，保育指針と教育要領においては，3歳以上については保育内容の基準が共通性を有するように配慮されています。

❷「領域」とは

　保育所や幼稚園における保育では，子どもたちが園生活を展開するなかで，生涯にわたる心身の発達の基礎となる体験を積み重ねていくことを大切にしています。そして乳幼児期の子どもたちにとって，こうした心身の発達の基礎となる体験として必要な事項を，保育所保育指針や幼稚園教育要領によって保育内容の基準として示しているのです。しかし保育内容として必要な事項はたくさんあるので，そのまま羅列したのでは理解しにくく，使いにくいことにもなります。そこでそれらの保育内容を区分して理解しやすくしたのが，「領域」という区分なのです。したがって「領域」は，子どもたちの発達を見る側面とも言われています。

　2008年に改訂された現在の幼稚園教育要領では，心身の健康に関する領域「健康」，人とのかかわりに関する領域「人間関係」，身近な環境とのかかわりに関する領域「環境」，言葉の獲得に関する領域「言葉」，感性と表現に関する領域「表現」の5つの領域が設定されています。この5つの領域区分は1989年の改訂以来変わってはいません。

　2008年に改定された保育所保育指針では，保育内容は「養護」と「教育」という2つに大別されています。「養護」の内容には，乳幼児に必要な「生命の保持」及び「情緒の安定」に関する事項が示されており，それが家庭の補完をするという保育所保育の特性に伴った保育内容でもあります。また，「教育」については「健康」「人間関係」「環境」「言葉」「表現」という5つの領域に区分されています。

　このように領域は，子どもたちの発達を見る側面ではあるのですが，子どもたちの発達は領域が相互に関連しあって総合的に成し遂げられていくものです。つまり，領域別に発達していくものではありません。そのために保育所や幼稚園では，小学校以上の教科指導のような領域別の指導は行う必要がないといえるでしょう。

　本書でこれから学んでいく領域「言葉」には，子どもたちの言葉の獲得に関する保育内容が示されています。すなわちこの「言葉」の領域には，経験したことや考えたことを自分なりの言葉で表現し，相手の話す言葉を聞こうとする意欲や態度を育て，言葉に関する感覚や言葉で表現する力を養うことに関係する内容が含まれているのです。

❸「ねらい」と「内容」とは

　それでは各領域に保育内容として示された事項である，「ねらい」と「内容」とはどのようなものなのでしょうか。

　子どもたちは園生活のなかで，身近な環境と主体的にかかわりながら，いろいろな体験をしていきます。そうした体験のなかで，生きる力の基礎となるような必要な体験を積み重ねていかなくてはなりません。その必要な事項を具体的に示したものが，保育所保育指針や幼稚園教育要領に示されている「ねらい」や「内容」の事項なのです。2008年に改訂された幼稚園教育要領の解説書では，次のように説明されています。[6]

　　幼児が生活を通して発達していく姿を踏まえ，幼稚園教育全体を通して幼児に育つことが期待される心情，意欲，態度などを「ねらい」とし，それを達成するために教師が指導し，幼児が身に付けていくことが望まれるものを「内容」としたものである。

　これによれば，「ねらい」は心情，意欲，態度というような心理的な側面を示しています。それらは幼稚園生活の全体を通して，子どもたちがさまざまな体験を積み重ねるなかで，相互に関連をもちながらだんだんと達成の方向に向かっていくものであるともいえます。

　各保育所や幼稚園では，こうした「ねらい」や「内容」を基準として参考にしながら，各園の実態に応じて保育課程や教育課程を編成し，具体的な「ねらい」や「内容」を設定していくことが求められているのです。

❹領域「言葉」の「ねらい」と「内容」とは

　領域「言葉」には，この領域で大切にしたい3つ方向性が示されています。

　1つめは，子どもたちが自分の気持ちを言葉によって表現しようとするようになることです。乳児は最初から言葉で表現できるわけではありません。言葉をまだ話せない乳児は，泣いたりや笑ったり，怒ったり嬉しそうな表情をしたりして，自分の感情を表現しています。こうした身体的な表現を保育者に受け止めてもらうことにより，自分の気持ちを表現しようとする気持ちが育っていくのです。また言葉が出

→6　文部科学省（編）『幼稚園教育要領解説』フレーベル館，2008年，p. 67.

始めの頃は，ちょっとした言葉を発しても周囲の保育者たちは喜んでくれます。こうして，自分の発した言葉が周囲の人々から喜んで受け止められる体験も，自分から言葉で表現しようとする意欲を高めていくことになります。

　2つめには，保育者や周囲の友達の言葉や話をよく聞き，自分の体験や考えを話せるようなることです。こうして周囲の人々と会話ができるようになることを通して，日常的に必要な言葉がわかり自分でも使うようになっていきます。また相手の言葉を聞くことにより，相手の気持ちや考えを理解し，自分の気持ちや考えを伝えられるようにもなっていきます。こうした言葉による対話的なかかわりが，生涯にわたる言葉によるコミュニケーションの基礎となっていきます。

　3つめには，絵本や物語にふれることによって，言葉による文化を理解し親しめるようになっていくことです。保育所や幼稚園の生活のなかで，子どもたちは絵本や紙芝居そしてビデオなど，たくさんの言語的文化に出会っていきます。それに親しみを抱くようになることにより，文化の享受者と同時に文化の発信者にもなっていきます。こうした言葉を媒介にして文化的な体験を通して，記号や文字にふれて文字文化を理解して親しみを抱くことにもつながっていきます。

❺保育課程や教育課程と領域「言葉」

　保育所保育指針や幼稚園教育要領において基準として示されている保育内容は，実際の保育においてはどのように展開されていくのでしょうか。

　幼稚園教育要領は，幼児が幼稚園で生活しながら，幼児期に生きる力の基礎を育んでいくために必要な教育内容を，文部科学大臣が基準として告示したものです。そこでの教育内容としては，年齢などの発達的指標は示されていません。入園から修了までの3年間のなかで体験していけばよいのであり，そこに示した内容をどの年齢やどの時期に体験するかは，それぞれの幼稚園に任されています。そのために各幼稚園においては，園の教育目標の実現に向かって，どのような年齢や時期にどのような教育内容を体験していくかを見通して，園生活の全体像を編成しておく必要があります。指導計画の基礎ともなるこの幼稚園生活の全体像のことを教育課程といいます。公立・私立を問わずすべての幼稚園がこの教育課程を編成しておくことが義務づけられ

ています。

　保育所保育指針は，これまでは厚生労働省雇用均等・児童家庭局長の通知文でしたが，2008年度の改定からは厚生労働大臣の告示文となりました。そのために保育内容の基準も，これまでは発達過程ごとに細やかに「ねらい」や「内容」を示していましたが，告示文となったことでそうした示し方はできなくなりました。もしそうした細かい保育内容の示し方をすると，それを基準とするために全国一律の発達像を目指す保育が展開されてしまうためです。告示化された保育指針の保育内容は，発達過程別ではなく小学校就学までに体験しておくことが望まれる事柄を，養護と教育の側面から大まかに示すという形をとっています。そのために各保育所では，幼稚園と同じように，子どもたちの発達の実情に合わせて各園ごとに発達過程を明らかにし，保育目標の実現に向かって園生活をどう展開していくか，その全体像を編成しておくことが必要となりました。この保育所生活の全体像のことを保育課程といいます。

　このように保育所も幼稚園も，これからは指導計画の基礎となる発達を見通した園生活の全体像である保育課程や教育課程を編成することになりました。したがって，保育指針や教育要領の領域「言葉」の「ねらい」や「内容」として示されている事項は，各保育所や幼稚園の保育課程や教育課程の内容として，他の領域の事項と合わせて総合的に編成されていくことになります。同じ事項であっても，園が異なれば子どもたちの生活や発達の実態も変わるので，時期や表現の仕方も異なってきます。しかしこの基準に沿った課程を編成しているならば，どの園を卒園しても，総合的にみると時期は異なっていても同じような体験を積み重ねて就学することになるのです。

❻指導計画の作成と領域「言葉」

　保育所や幼稚園では，保育課程や教育課程に基づいて，長期の指導計画と短期の指導計画の二本立てで，保育を見通していきます。

　長期の指導計画とは，1年間の保育の全体像を見通しておく年間指導計画や，2・3か月先を見通しておく期の指導計画（期案），1か月間を見通しておく月の指導計画（月案）などがあります。

　短期の指導計画とは週や日を単位として保育を見通しておく週の指導計画（週案），日の保育を見通しておく日の指導計画（日案），さら

には週案と日案とを合わせて作成した週日案などがあります。

こうした指導計画を実際に作成する場合には，領域別に「ねらい」や「内容」を設定するわけではありません。その園の保育課程や教育課程には保育目標や教育目標が掲げられており，その実現を目指していく過程を総合的，具体的に示したものが保育課程や教育課程であるといえます。そして長期の指導計画を作成するときには，その課程に基づいてその期間の「ねらい」を設定していきます。したがって，そこで設定される「ねらい」や「内容」も目標の具現化に向かって総合的な視点から設定されていきます。領域「言葉」の「ねらい」や「内容」も，他の領域の「ねらい」や「内容」と合わせた形で，総合的に実現されていくようになります。

さらに学びたい人のために

・文部科学省（編）『幼稚園教育要領解説』フレーベル館，2008年
　本書は，2008年に改訂された幼稚園教育要領の内容について，文部科学省の担当者や改訂検討委員が分担して解説したものです。幼稚園教育要領の解説書であり，幼稚園教育関係者には必読の本といえます。幼稚園教育要領の内容をもっと詳しく具体的に理解したいというときにはぜひ読んでおきたい本です。

・無藤　隆・柴崎正行（編著）別冊発達29『新幼稚園教育要領・新保育所保育指針のすべて』ミネルヴァ書房，2009年
　本書は，保育所保育指針の改定検討委員や幼稚園教育要領の改訂検討委員を中心にして，その改訂内容やその意味を詳細に解説してあります。幼稚園教育解説や保育所保育指針解説書では書ききれなかった改訂の背景や改訂内容の具体的な説明についても書かれています。幼稚園教育要領・保育所保育指針の理解をさらに深めたい方にはぜひとも薦めたい一冊です。

演　習　問　題

1. 幼稚園教育要領・保育所保育指針はどのような役割をもっているのでしょうか。わかりやすく説明してみましょう。
2. 幼稚園教育要領・保育所保育指針で保育内容を示している「領域」とはどのような役割を果たしているのでしょうか。具体的に説明してみましょう。

第2章

乳幼児の言葉の発達を支えているもの

　生まれたばかりの赤ちゃんは言葉を話すことはできません。けれども，私たちは赤ちゃんに語りかけ，さまざまな形で赤ちゃんとコミュニケーションをすることができます。それは具体的にどのように行われているのでしょう。次第に乳児は言葉を獲得し，家庭や保育所で養育者という大人とコミュニケーションできるだけではなく，同年代の仲間とも会話し，くらしや遊びのなかで子どもたち同士ならではの新たな言葉の世界を開いていきます。そしてごっこやファンタジーの世界，自然や身のまわりの社会の出来事と出会うことでその世界固有の言葉を習得し，園のくらしのなかでの場面や状況に応じた言葉を交わすことができるようになっていきます。この乳幼児の言葉の発達過程を支えているのは具体的にどのような過程であり，どのような要因でしょうか。子どもたちが生まれつきもっている内なる力とそれを引き出し支え育んでいく側の要因について，保育では何が大切かを考えていきましょう。

第1節 乳児の有能さと身体的関与

❶生まれつきの有能さ

　新生児は、産声をあげてこの世に生まれた時から、お腹がすいた時やおむつが汚れた時に泣くことで、養育者にサインを示し注意をひきつけることで、自分の要求を伝えることができます。しかも次第に泣き方を変えることによって、これはだっこしてもらいたくて甘えている、お腹がすいている、どこか痛いところがあるなどと、親しい養育者がわかるように泣き分けられるようになっていきます。そして泣いていてもそばに養育者が来ると、ミルクをもらう前でもミルクをもらえることを予期して泣きやむようになったり、反対に顔を見ることで意図的に泣き続けて外へつれていってほしいなどの思いを要求するようになってきます。そして次第に、1歳から1歳半頃になれば、相手の表情を見ながら声をあげたり、「エーン　エーン」と言語化して、涙は出なくても泣くふりをしたり、うそ泣きもするようにもなってきます。泣くという行動一つをとっても、そこには生まれもってできている行動が養育者との間で変化し、相手に応じてその行動を行うようになっていくことがわかります。[1]

　何もできずに一見無力に見えても無能ではなく、赤ちゃんは生まれもってとても有能であるということができます。泣くことだけではありません。養育者が笑いかければ微笑んでいるような表情をし、まなざしを合わすことができます。おっぱいやミルクを飲む時には赤ちゃんはご機嫌で養育者と目を合わせます。人間以外の哺乳類の動物は、お腹がすいている授乳時には親の乳房から一気に乳を吸います。それが飢えを満たすという点では効果的な飲み方だからです。ところが人間の赤ちゃんだけは、おっぱいやミルクを少し飲んでは休み、また飲んでは休みを繰り返します。これはチンパンジーなどでは起こりませんが、人間の赤ちゃんならばどの赤ちゃんでも同じような行動を示します。そしてその飲んでは休むその休みの間に、お母さんは子どもに話しかけたり、まただっこしながら少しゆさぶったりして、子どもに

→1　やまだようこ『ことばの前のことば』新曜社，1987年

働きかけていることもわかっています。お母さんは赤ちゃんが吸っている最中に話しかけたりゆらしたりはしません。赤ちゃんが吸っている間は子どもを見つめ，そして休んでいる時には語りかけたり，抱っこしてゆさぶるという親子のリズムができあがっています。これは意図的に行われているのではなく，無意識のうちに両者の間で乳児期初期から成り立っています。つまり，授乳という行為自体も，単なる栄養摂取ではなく，身体的なリズムを合わせたコミュニケーションの場になっているのです。

　4か月頃の赤ちゃんは機嫌がよいと，養育者に対してよく笑います。その赤ちゃんが笑っているところを注意深く観察すると，笑うという行動と同時に下肢を何度も繰り返し蹴る行動が出現しています。この足蹴りと笑うことの同期が，言語音を出すのに不可欠な，すばやくかつ複雑に音を出すための呼気を長く出せる機能の練習にもなっていることがわかっています。そして笑いながら足を蹴っているのが次第に，6，7か月頃からは，バンギングといって手をリズミカルに動かすようにも変わってきます。足から手の動きへと変わること，つまり笑いながら手をばたつかせるのが養育者にもよく見えるようになることで，さらに養育者は声をかけるようにもなり，笑顔のコミュニケーションが増えていきます。

　赤ちゃんは生まれつきもっている吸綴反応や泣きなどの生理的な反応や手足の身体運動を，養育者の声や身体リズムと協調させることによって，相互に呼応し合いながら，意味ある言葉の前からコミュニケーションをとっているということができます。身体リズムや息遣いを合わせ，まなざしを交わすことが，言葉を交し合っていくための発達の根源的基盤となっているということができるでしょう。

❷代弁し見つめ合う者としての養育者

　ではこうした赤ちゃんの動きに，養育者は具体的にどのように応じているのでしょうか。

➡2　正高信男『子どもはことばをからだで覚える』中央公論新社，2001年

➡3　岡本依子「母親と子どものやりとり」やまだようこ・サトウタツヤ・南博文（編）『カタログ現場心理学——表現の冒険』金子書房，2001年，pp. 12-19.

Episode 1

母親と子どものやりとり

【0か月　女児と母親とのやりとり】
母：「もうおなか　いっぱい」

母：「もっかい　いく？」
母：「はい」（もう一度　この口に乳房を近づける）
母：「もう，いらない」（乳房を離す）
【3か月　女児と母親とのやりとり】
母：「おー，（げっぷが）でた　でた　でた」
　　「はい，おいしかったね。はい，おいしかったね」
【6か月　男児と母親とのやりとり】
子をひざの上におき，脇に抱えてジャンプさせる
母：「ぴょんぴょんしないの」
母：「ピョーン　ピョーン　ピョン」（子どもを脇に抱え上下に揺らす）

　赤ちゃんとのやりとりでの具体的な母親の会話を見てみると，どのようなことに気づくでしょうか。いずれの事例でも，赤ちゃんは何も語ってはいません。0か月のやりとりでは，授乳していますから「おなかいっぱい」や「いらない」という言葉は赤ちゃんの側の心情であり，母親自体の状況がおなかがいっぱいなのではありません。つまり，母親は赤ちゃんの気持ちになりきって，言葉を話せない赤ちゃんの心情を代弁し，それによって親子で対話としてのコミュニケーションをとっていることがわかります。また3か月では「おいしかったね」という「ね」には，子どもだけではなく，親もそれに寄り添って間主観的にその満足感を共有している姿が表れています。そして6か月の姿や「ピョーン　ピョーン」という擬態語からは，親も子も弾んで共振している姿を読み取ることができるでしょう。

　養育者が子どもの気持ちを言葉に表すことで，言葉は話せなくても，子どもはその状況にふさわしい言葉を聞き取り，また親も子どもの気持ちを言葉にすることでさらに一体感を強め，一緒の息遣いになってリズムを感じることでコミュニケーションをしています。このような身体的同期によって養育者側も子どもの気持ちをくみとり，言葉に代弁することで応答的な対話を行って子どもの快感情をひきだすという情動調律（鏡的な情動の交換）が，愛着を形成していきます。愛着があるからこそ，子どもは養育者に安心してかかわり，豊かな表情を示します。それによってまたさらに，そのかかわりに養育者が応えることで愛着が強まり，豊かな言葉を交し合うことにつながっています。愛着が代弁や共振を生み出し，またその代弁や共振が愛着の絆をもたらしているのです。

❸子どもの行動発達と３項関係による
　コミュニケーション

　養育者と子どもとの向き合いでのあなたと私の関係から，やがて子どもと養育者が共通のものや出来事を見，ものや言葉を間に介在させた子どもと大人と対象との３項関係の状態へと広がっていきます（図2-1）。それは仰臥だけの世界から，座位，歩行と行動発達によって視界が広がるにつれて，ものや人との世界との出会いが広がっていくことによります。この３項関係こそが，子どもが意味ある言葉を習得し対話を行う基本の構図です。つまり対話する相手という「宛名」とその相手と自分をつなぐ仲立ち（媒介）となる「もの，こと」の存在です。コミュニケーションとしての対話においては，この伝え合いたい相手と伝えたい中身になるものやことを共有することが必要であり，そこに言葉がついてくるのです。

　意味ある言葉が発現する前に，このような３項関係が成立することが必要になります。その現われとして，共同注視や共同注意と指差しが見られるようになります。「共同注視」（乳児と養育者がある対象を同時に見ること）から，「共同注意」（視線の動きや表情・発声で対象にまつわる情動的メッセージを相手に伝え，互いの内的情動状態を間主観的に共有すること）への発達は，身体的な発達による姿勢運動とも密接に関係しています。

　子どもが見ているものに養育者が視線を合わせることで成り立つ共同注視から，養育者の行動に合わせて子どもの方が視線を合わせる共同注視，そして共同注視から何かやりとりをして共同注意が成り立つ

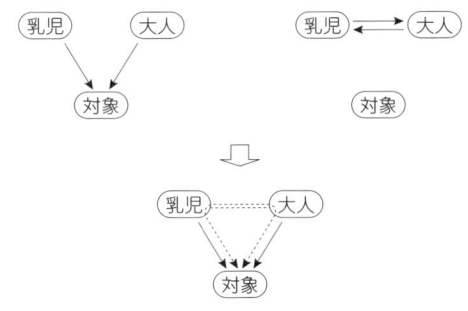

図2-1　２項関係から３項関係へ

▶出所：Tomasello, M. 1993 The interpersonal origins of self concept. In U. Neisser (Ed.), *The perceived self : Ecological and interpersonal sources of self knowledge.* Cambridge : Cambridge University Press.

表2-1 共同注意の発達過程

子どもの状態（姿勢運動）	養育者のかかわり
2か月（仰臥・首座り前） 自由に対象を見ることができない	→ 積極的に自分の顔や対象物を見せる
3―4か月（仰臥・首座り） 対象物を自由に見ることが可能になる	→ 対象物に働きかけるよう要求
5―7か月（支座位） 対象物に働きかける	→ 対象物に働きかけた後，母親の顔を見るように誘う
7か月後半―9か月半（座位の安定） 対象物から母親へ自発的に視線を移行させるようになる	→ 母親を見たときに情動表出しやすいよう遊びを展開させる

出所：常田美穂「乳児期の共同注意の発達における母親の支持的行動の役割」『発達心理学研究』18 (2)，2007年，pp. 97-108.

ていく関係があります。

　表2-1からは，子ども側の発達に応じて，養育者の方も次第に働きかけてやりとりをするようになっていく姿を見ることができます。養育者は発達の次のステップへの足場をかけ，共同注意がより長く成立するようにする役割を担っています。

　このように，乳児期の親しい養育者との2人でのコミュニケーションは，子ども側が生まれつきもっている能力と共に，対人的な関係の形成としての愛着の成立や身体的な運動発達，そしてそれにともなって身体的なコミュニケーションからまなざしの共有や指差しによる3項関係の成立があってはじめて，言葉で交し合う関係が形成されていくのです。言語の発達を支えるものは，言語をつかさどる諸器官の発達や知的能力の発達だけではなく，子どもが自らの身体を介して行う，生きる世界との多様な関係づくりがその基盤となっています。そして養育者側もそれをまた理解しながら，発達に応じて調律しながら協調的にコミュニケーションを一緒につくり出しているといえるでしょう。

第2節 保育者との関係性と言葉の発達

❶響き合って楽しむ

　保育所や幼稚園での生活では，保育者と子どもの一対一の信頼関係が基盤になります。そしてまた，保育者と子どもたちの関係も形成されることで，家庭や乳児期初期とは異なる関係性の形成によって，言葉の発達が促されていきます。

　0歳児や1歳児での子どもたちと保育者のコミュニケーションとして，以下の0，1歳児クラスでの2つのエピソードを見てみましょう。

Episode 2

➡4　草信和世・諏訪きぬ「現代における保育者の専門性に関する一考察――子どもと響きあう保育者の身体知をもとめて」『保育学研究』47(2)，2009年，pp. 82-91.

保育者の言葉と動き[4]

　保育者Dは子ども達もしゃがんだのをみてとって，「みんなで一緒にやろう。ほら，集めて，集めて，せーの，いくよー，1，2の3」と言葉をかける。保育者Dが立ち上がると子ども達も立ち上がる。子どもLと子どもIは手に葉っぱを集めて持ち，立ち上がる。保育者Sも同時に，「1，2の3」と声を合わせ，2かたまりの細かい葉っぱを舞い上げる，子どもLや子どもIも葉っぱを舞いあげていて，この場所全体が葉っぱにつつまれたようになる。

（下線はリズム，網掛けは身体の動き）

　このエピソードでは，保育者Dも子どもたちと一緒にしゃがんでいること，そして皆にリズムをもって「せーの」や「1，2の3」と合わせやすい言葉で語りかけながら，同じ姿勢を全員ですることで，子どもたちみなが葉っぱに目を向けてかかわり，楽しみ響き合っていることがわかります。保育者が「できる人？」と手をあげることを求めると，「はーい」と返事するといったように，きまったイントネーションでのやりとりのなかで言葉のリズムで響き合ったり，または呼びかける時に意図的に気づいてもらいたい子どもの方に自分の身体を向けて言葉を届けたり，言葉のリズムと身体姿勢や向きを組み合わせています。まだ言葉でのコミュニケーションは十分ではない0，1歳

児クラスにおいても，子どもの動きや興味関心に応じて，言葉を通して子どもたちをつないでいます。それによって，その子どもたち同士が一つのものや出来事に共同注意をし，楽しさを共有できることで子どもたち同士の一体感の形成を可能にしています。それによってまた子どもたち同士もつながっていくのです。

またこのような「……できる人」「はーい」などの保育者の言葉を子ども自身もとりこんで遊びや生活を豊かにしていきます。「何々する人，手あげてー」「はーい」などのなかで参加をいざなったり，「せーの」で同じ方向を向いてかかわったりが始まります。

Episode 3

園には行きたくない（3歳児）[5]

「先生，はるかは幼稚園も大好きだし，お友達も先生も大好き。だけど……幼稚園に行きたくないんだなあー」。春の遠足の山道で，手をつないで歩きながら話していた時のことでした。「どうして？」と聞いて見ると，「だって，先生がお話している時，みんなおしゃべりしていてうるさいし，そしたら先生は恐い顔で怒るでしょう」。

[5] 石川県私立幼稚園協会出版ぷろじぇくと『あのね　幼稚園でね　親するあなたへ』2001年，p. 15.

子どもは保育者の言葉や動きを見ながら，保育者の言葉を学んでいきます。そしてそこではさまざまな感情も感じています。保育者一人に子どもたちがみなで集まって出会う場でも，子どもたちは一人ひとり先生を見つめ，その言葉を聞き取り学んでいるといえるでしょう。大好きな先生だからこそ，話したいという思いと，恐いという思いももったりしているのです。その思いこそ，また先生とのより深い対話への一歩になります。

❷くらしのなかで言葉を育てる

自由に遊べるようになる2，3歳時期には，0，1歳時期に比べてさらに多様なものと出会い，くらしのなかで子どもたちは言葉を覚えていきます。語彙爆発といわれるのもこの時期です。そしてくらしのなかで，状況に応じて使われる言葉も学んでいきます。

【Episode 3】でも出てきた，友達同士でのおしゃべりについてつなげて考えてみましょう。

Episode 4

➡6 淀川裕美「2—3歳児の三者間対話における発話内容の関連性を規定する要因の検討——第三者が二者間対話に参入する場面に着目して」『乳幼児教育学研究』18, 2009年, pp. 63-74.

「あんたがうるさいよ！」2歳児クラス昼食場面（9月）[6]

　ひとつのテーブルを2歳児クラスの子ども7人で囲み、昼食をとっている。昼ごはんを食べながら、けんたが興奮気味に話している。話している相手は私であったり、その他の子どもであったりとさまざまである。もしゃもしゃ食べながらしゃべっているけんたに、あみが突然「うるさいよ」と言った。けんたが驚いて口を尖らせてあみを見ると、あみはもう一度大きな声で「うるさいよ！」と言った。すると2人を見ていたまさこが一言「あんたがうるさいよ」と言ったが、あみはまさこを見返すだけで何も言い返さなかった。少し沈黙が続いた後、3人とも食事に戻った。

　皆で集まったり食事の時間には静かにするというルールがあるからこそ、子どもたちは先生がいなくても、子ども同士で相互に静かにするようにコミュニケーションをしています。ここではあみとけんたのやりとりに突如まさこが加わったために、会話はつながっていません。しかしこのように子ども相互でのやりとり、またそのやりとりを見る友達の役割などが、2者での大人と子どもだけではない関係をつくり出しています。

Episode 5

➡7 同前書

「おともだちじゃないよ」2歳児クラス昼食場面（9月）[7]

　食事中、あみとまさこがふざけ始めた。一度先生に注意されたが、先生が用事で離れると、またふざけ始める。するとすぐに先生が戻ってきて2人の様子を見て、あみとまさこの皿を取り上げ「もう、ごはんおしまいでいいね」と強い口調で言った。あみはびっくりした顔で先生を見上げ、まさこはまるで他人事のようにあみの顔を見ている。あみが「だって、おともだちがやってた」と先生に言うと、まさこが「おともだちじゃないよ、まさこはまさこだよ」とあみに向かって言う。まさこの反応にあみがまさこを見返してきょとんとしていると、先生が「まさこっていう、あみのおともだちなんだよね」と説明をするが、まさこはわかっていないようで黙ったまま食事に戻り、あみもまさこを見て食事に戻り、ここでのやりとりが終わった。

【Episode 4】と同じ子どもたちです。お友達という言葉が何を指すのかがわかっていないまさことあみのずれを，先生が説明している場面です。しっかり者のまさこちゃんは，自分の考えを先生にはっきりと伝えることができています。しかし，あみの思いとはずれています。このように，子ども同士のやりとりのなかでは，相互にはわかり合えない言葉を使用する場面も見られます。それによって時には，いざこざが起こったりすることもあります。こんなつもりではなかったのにということもあれば，言ったのにわかってくれないということもあります。このような時に，保育者がその場に即して言葉を言葉で説明しています。くらしのなかでこのようなことを自然に繰り返すことによって，子どもたちは，たとえば「おともだち」という関係性を示す言葉の本当の意味を，体験を通して学んでいくことができます。

　保育者は集団のなかで子どもの楽しいおしゃべりを認め育てながら，時には子ども同士のコミュニケーションの食い違いを通訳して説明したりする役割も担うことで，子ども同士の関係をつないだり深めたりしています。と同時に，コミュニケーションにおける食い違いを通して，その場で子どもたちは本当の意味でその語が指す事物の意味を学んでいるということもできます。保育の場で，子どもたちは数多くの語や言い回しなどの言葉を学んでいきます。時には，大人から見ると，言ってほしくないような下ネタや乱暴な言葉，ふざけた言葉も使ってみようとしたりもします。保育の場での語の獲得の特徴は，実物と語を対にしたり，本で覚えるのではなく，仲間との行動のなかで時には楽しんだり，また時には不満や悔しい思いをしたりというように，感情を伴いながらその出来事のなかで言葉の意味を一つひとつ理解し刻み込んで学んでいくことにあるといえるでしょう。

　たとえば，植物を育てながら，葉っぱが育ち，また葉が枯れて色づくことのなかで，葉という言葉とその実物がつながり，概念と言葉をつなげて学んでいくのです。ですから，園では言葉を獲得することを急いで言葉主義に陥ることなく，生活の出来事と結びついた言葉を育てていくことが，メデイアからの情報の氾濫のなかにくらす子どもたちにとって大切なことといえるでしょう。

第3節 談話への参入と仲間との対話の成立と発達

❶親密な2者関係の変化と言葉

　言葉の育ちによって，子ども同士の関係が遊びやくらしのなかでいっそう深まると共に，関係性によって言葉もまた発達し変化していくという双方向の関係があります。一つの意味をもつまとまった言葉のやりとりを，「談話」と呼びます。単なる大人の模倣ではなく，子どもたちは子どもたちの仲間関係のなかで，自分たちの談話をつくっていくということができます。そしてその談話がどのように交わされるのかというなかに，子ども一人ひとりの発達が見えてきます。

　親子のやりとりを示した【Episode 1】のなかで授乳時に「おいしかったね」と親が乳児に語りかける場面がありました。「……ね」「それでね」「ねえ，ねえ」というような終助詞や間投詞の「ね」を子どもたちはとてもよく使います。大人が教えているというよりも，子どもたち同士のやりとりのなかで自然に現れてくる言葉です。子どもも無意識に使っています。そこには「僕のだからね！」と主張する「ね」もあれば「一緒にやろうねえ」という同意を求める「ね」もあります。保育所3歳児クラスを1年間観察した高櫻（2008）は，3歳児同士が交わす会話のなかでの「ね」をみると，表2-2のように多様な役割を担っていることを示しています。ではこの機能は子どもの発達と共にどのように表れるのでしょうか。

　クラス内で1番月齢が高く，体や声も大きく常にクラスのリーダー的存在であるが，1番になることへの執着心が強く担任保育者いわく「ツヨシの状態により，遊びやクラスの雰囲気が変わる」と言われるツヨシ君の姿を見てみましょう。

▶8　高櫻綾子「遊びの中で交わされる『ね』発話にみる3歳児の関係性」『保育学研究』46(2), 2008年, pp. 78-88.

第2章　乳幼児の言葉の発達を支えているもの

表2-2　「ね」発話のカテゴリー

位置	優先度	種　類
語尾	自分＞相手	(A)宣言：ごっこ遊びでの役柄，玩具の所有権，自分の行動等の表明や説明，他児の行動に関する指示。 (B)念押し：直前の発話を繰り返す代わりに使用したり，自分の主張相手に期待する行動の実現可能性を増す。 (C)同意を求める：自分の主張に相手が同意することを強く求める。"相手の意見をうかがう"「ね」発話に比べ，相手の同意を得ることへの欲求や確信が強い。 (D)自己主張：自分の意見や感情を直接表現する。また「自分の名前」「だって」等の語尾につけ，その意見が自分のものであることを明示する。"間を繋ぐ"「ね」発話より自分の意思を主張する度合いが強い。 (E)第三者の排除：自分と遊び相手以外の第三者を排除する。 (F)相手を言い含める：相手が自分の意思に従うように相手の気持ちや行動を引き止める。
	自分＝相手	(G)一体感の共有：楽しさや互いの気持ち等を共有する。またその共有によって生じる一体感を表す。
	自分＜相手	(H)間を繋ぐ：言葉と言葉の間に「ね」を挟むことで自分の考えや気持ちを表現する。"自己主張"の「ね」発話に比べ，自分の意思を主張する度合いは弱い。 (I)相手に同意する：相手の意見や気持ちに賛同，同調する。 (J)相手の意見をうかがう：相手の意見や気持ちを尋ねる。"同意を求める"「ね」発話より相手の意思を尊重し，自分の意見に対して同意するか否かの選択権は相手にある。
冒頭	自分＞相手	(K)抗議の呼びかけ：相手の言動に抗議する。 (L)注目を促す呼びかけ：相手の関心を自分の話題や遊びに向ける。"誘いの呼びかけ"や"提案の呼びかけ"に比べ，直後に相手の名前を呼ぶ等，相手の視線や顔を自分の方へ向けさせ，確実に相手の注意を引きつける。また「仲間にいれて」「かして」等，相手から同意されることへの欲求が強い内容の呼びかけに使用される。
	自分＜相手	(M)問いの呼びかけ：相手に質問する。 (N)誘いの呼びかけ：相手を自分の話題や遊びに誘う。相手からの受諾への期待はあるが，"注目を促す呼びかけ"に比べ，誘いを受けるか否かは相手の意思に委ねる。 (O)提案の呼びかけ：遊びの種類や場所等を提案する。"注目を促す呼びかけ"に比べ，提案への同意は期待しつつも相手の意思に委ねる。

出所：高櫻，2008年

Episode 6　ツヨシとテルのかかわりにみる「ね」の変化（3歳）

→9　同前書

【5月15日】ツヨシは「テル君，テル君，行かないで」と言いながら追いかけ，虫が好きなテルに「ダンゴ虫ここにいるからね(ア)」と言って隣に座らせる。しかしテルがダンゴ虫のいるバケツに砂を入れようとすると，「ダメ！テル君，蟻持ってこい，蟻！」と指示する。テルは拒否することなく，取りに行き，笑顔で戻って来るが，テルがダンゴ虫や蟻を見ようとすると，ツヨシは「ダメ！何もしないで！」とテルの手を払う。しかしレンが仲間に入ろうとすると，ツヨシは「ねっ！(イ)それはやんないで！　終わったこれは！」と抗議し，テルも「このお仕事は終わったの，レン君，来るまでに」と言う。またツヨシは自分たちが使っていたバケツを手にしたレンに，「ね，(ウ)それレン君が持つんじゃない！　テル君が持つんだ！」と言う。さらにテルを連れて場所を移動するが，レンもついてきたため，「テル君とレン君，蟻探してきな！　テル君が蟻見つけて，レン君が持ってくる！」と指示する。しかしレンが蟻を持たずに帰ってくると，ツヨシは「頼んだでしょ！　テル君が取って，テル君がレン君に渡して，レン君が俺のとこに持ってくるって！　約束したでしょ，ねっ？(エ)」と言う。その後，ツヨシは「はい，レン君，手出して。これあげるね(オ)」と言い，2人に同じ玩具を渡すと「終わりました！」と遊びの終了を告げる。テルとレンが駆け出すと，ツヨシは「テル君ちょっと来て」と呼び戻し，「レン君だけ

は仲間じゃない」と言い，テルと2人で遊ぶ。
　　　　　　（ア：相手を言い含める，イとウ：抗議の呼びかけ，エ：念押し，オ：宣言）

【9月18日】ツヨシがテルの使っていた玩具の携帯電話を取りあげ，テルが追いかけてくると無理やりジャンケンをさせる。勝ったツヨシは携帯電話を自分のものにするが使用せず，マモルやサキと料理を始める。その後ツヨシは，納得できず，遊び出せないテルに対し，ケーキを見せながら「テル君，ケーキね(カ)，3人分だから食えない」と言う。
　　　　　　　　　　　　　　　　　　　　　　　　　（カ：間を繋ぐ）

【1月8日】
テル：あのね，おままごとのね，新しいのね，新しいのね，テル君何にもしてないのにね，うんとね，うんとね，ツヨシ君がだめだって言う。
マモル：そっか，じゃあ何にもしてないのにだめって言わないでって言えば？
テル：（押し黙り，下を向く）
マモル：（ツヨシのもとへ行き）ツヨシ君，テル君何もしてないんだってよ。
　　　　　　　　　　　　　　　　　　　　　　　　　（全て，間を繋ぐ）

【3月11日】園庭の隅でテル，ヨシノブ，キミハルが穴を掘っており，ツヨシがそばに行くと，ヨシノブとキミハルは「どけどけ」「じゃまだ，じゃまだ」と言う。テルの掘り起こした土がそばにいた年長児にかかってしまうと，ツヨシは「テル君，人のこと考えて！　考えて人のこと！　よく見てくんない！」と怒鳴った後，そばの鉄棒で遊び始める。しかし穴から出てきたものがジャガイモではないかという話で盛り上がっているのを耳にすると駆け寄り，「見せて〜！　ジャガイモ見せて〜！」と言うが相手にされない。そこで別の場所で戦いごっこを始めるが，相手が嫌がってもやめなかったため，担任保育者に叱られ，再びテルたちのもとに戻ると「掘っちゃだめだよ！　掘っちゃだめ！」と言うが無視される。そこで「ね〜ね〜(キ)，ハサミ虫のいる所，教えてあげよっか？」と言うと，みんなが振り向きツヨシについて行くが，ハサミ虫はおらず，テルから「ハサミ虫いないじゃん」と言われる。ツヨシは「探して！　さっきはね(ク)……」と言い返すが，ヨシノブの「いこ〜う！」の声で全員が駆け出してしまう。ツヨシはテルの手を掴むと無理やり滑り台へ連れて行くが，テルは嫌がって体を仰け反らせツヨシが滑り台にのぼると逃げ出す。ツヨシはテルに駆け寄り，押し倒すが，テルは「や〜だ！　や〜だ！」と逃げる。ツヨシは一人取り残される。
　　　　　　　　　　　　　（キ：注目を促す呼びかけ，ク：間を繋ぐ）

【Episode 6】の5月15日では自己中心的であり，2者間への第3者の侵入に対する拒否が強いツヨシですが，友達のテルの気持ちはなんとか繋ぎ止めたいと思っている姿から，次第に3者以上の仲間の関係のなかで力関係がわかり，なんとか友達との間をつなごうとしているツヨシの姿への変化を見ることができるでしょう。

　一方，マイペースで穏やかな性格で担任保育者から「気持ちの優しい子」と言われているキョウカを見てみましょう。

第2章　乳幼児の言葉の発達を支えているもの

Episode 7

キョウカとミカのかかわりにみる「ね」の変化（3歳）[10]

[10] 同前書

【5月15日】キョウカ，ミカ，キミハル，ゲンタが砂場に集まっている。ミカが「お山つくろ」と言うが，キミハルはそこに新幹線を走らせ，「ここ駐車場ね(ケ)」と言う。ミカは小さな声で「駐車場？」と聞き返すが，反対はせず，少し離れた場所に山をつくり始める。それを見たキョウカが「私も山つくる」と言うと，ゲンタも一緒につくり始める。

（ケ：宣言）

【5月29日】キョウカは乗っている三輪車を手で押さえながら，「たい焼きやろーよ！　面白いたい焼きやろーよ！」と誘う。しかしミカの同意が得られないので，「ね〜ね〜(コ)，ハンバーグ食べるんでしょ？　ハンバーグ食べるよ！」と言う。それでもミカが三輪車から離れないと，自分も三輪車を取りに行く。ミカは筆者に「ここで待ってる」と言い，キョウカが戻ると2人で遊び始める。

（コ：提案の呼びかけ）

【12月4日】母親の出産に伴い不安定になっていたキョウカは筆者に「ママと一緒にお花摘みたいの」と言う。そこで「ミカちゃんと一緒に摘んだらどう？」と促すと，ミカがすぐに「えっ？　誰と？　ミカちゃんと何を摘むの？」と言い，キョウカは消え入りそうな声で「お花……」と答える。2人は一緒に栗林のなかを探すが見つからず，キョウカは小さな声で「一緒に遊びたい」と言う。ミカは「わかったけどさ，一緒に遊ぶためにさ，一緒に遊ぶんだけどさ，キョウカちゃん花探してって言ってるから」と探すが見つからず，キョウカは代わりに虫に喰われた栗を拾おうとする。ミカは「いっぱい持ってるから大丈夫だよ，3つも持ってるからあげるよ」と栗を全部キョウカにあげる。キョウカは両手で大事に持つと，筆者に「こんなになっちゃったよ〜」と笑顔で見せる。筆者が「それママにお土産にしたら？」と言うと，ミカは「じゃ，そうしてね(サ)，キョウカちゃん」と言い，キョウカはうなずきポケットにしまう。

（サ：念押し）

　ツヨシとキョウカは同じクラスの2人ですが，全く違う「ね」の使用が会話のなかに表れていることがわかるでしょう。キョウカとミカの間では"自己主張"や"抗議の呼びかけ"のように相手との関係を損なう恐れがある会話はなく，2人は交わし合い受容していることから，対等で安定したかかわりに基づいて遊びや関係を深めていっています。

　言葉は子どもたちの自己の育ちと関係性を表す鏡であると言えるでしょう。ここでは「ね」表現を一つの例として取りあげましたが，これは一つの例です。言い方やどのような言葉を使いどのように表現するのか，言葉は事の端を表す，氷山の一角です。したがって，表面的

に現れている言葉を指導しても，言葉の関係や言葉の発達は促されるとは言えません。その根にある子どもの対人関係や知的な欲求を遊びや生活を通して十分に満たし育てていくことが，言葉を育てていくのには大切なのです。と同時に，この一連の会話を読むと，そこにはテル君，ツヨシ君，キョウカちゃん，ミカちゃんというそれぞれの子らしさが言葉に表れているのを読み取ることができるでしょう。言葉はその子どもの自己を示す「声」として捉えることができると言えます。そのそれぞれの味わいを保育者が聴き分け，その内奥の声を聴き取ることが大事なのです。

❷3者以上の関係のなかでの言葉の発達

　3者以上の子ども同士でやりとりをする時には，誰に向かって何を話しているのか，直接の話し手や聴き手にはならない関係も生まれてきます。そしてそれぞれの思いとその理解が必ずしも一致しないために，意図の調整をはかる力が言葉のやりとりをつなげていくためには求められます。

Episode 8

→11　あんず幼稚園「人とのかかわり──わたしとわたしたち」第34回保育者と子どもの未来を語る会資料，2008年

片付け場面（3歳児　12月）[11]

C：「先生，みんなのなのに，AくんがBくんと2人で片付けるって言うの。」
T：「そうなの。」
A：「だって軽いじゃん！　少ないじゃん！」
D：「みんなのだから，片付けるんだよ！」
C：「みんなのなんだよ。じゃあ，2人で遊ぶの？」
E：「なんで，みんなのなのに，だめっていうの，Aだってもてるじゃん！」
　（しばらく同じような主張のし合い。）
B：「まあ，いいから片付けようよ」
C：「みんなで使うんだから，みんなで片付けるんだよ」
B：「まあ，いいから片付けようよ」
　（この言葉のおもしろさで雰囲気の変化を感じ取ったD）
D：「（Bの口調をまねて）まあ，いいから片付けようよ」
E：「まあ，いいから片付けよう」
C：「まあ，いいから片付けよう」
A：「まあ，いいから片付けようか」
　結局，笑い合い，5人で持って片付けにいく。

第2章　乳幼児の言葉の発達を支えているもの

　B君がゆったりと違うテンポで「まあ，いいから」という提案をしたことで，相互に対立していたAとCもいつの間にか皆が同じ表現を使いながら，自己をおさえて折り合いをつけていく姿が見られます。
　そしてその時に子どもたちはさまざまな「じゃあ」という言葉を使って折り合いをつけています。「じゃあ」という言葉を使って子どもがどのようにして折り合いをつけていくのかを年齢別に事例を集めてみると，3歳ではまだ，「じゃあ」「ほんなら」などの言葉の使用は少なく，4歳児の特徴として「じゃあ」が使われるといいます。「じゃあ，○○してみたら」「じゃあ，かわってあげる」と提案する場合もあれば「じゃあ，もういい」と消極的に他の人に折れて付き合う場合もあります。「じゃあ，じゃんけんしよう」というような形式での解決が多い4歳から，相互にいろいろな意見を言い合って納得した上で「じゃあ，○○しよう」ということが提案される5歳児への交渉の発達も見られます。子ども同士の遊びの展開とまたその折り合いをつけていくなかで，言葉での交渉能力はついていくのです。これは大人との関係のなかではなく，子ども同士がくらす保育の場だからこそ育つ，言葉の力ということができるでしょう。
　そして折り合いをつけながら協働し，一つのイメージをもって場やものをつなぎながら遊びをつくり出したり，一緒に活動をつくり上げていきます。

→12　京都教育大学附属幼稚園「遊びの広がりと深まりと仲間作り――対人関係をつなぐ言葉に着目して」『京都教育大学附属幼稚園研究報告書』2009年，p. 38.

Episode 9

→13　千代田区立番町幼稚園，園内研修資料，2008年

砂場遊び場面（4歳児　5月）

レオン：（電車を手に持ち）「ねえ，ねえ，地下鉄工事つくろうよ。どうやってつくったっけ？」
（別の遊びをしていた）ゆうき：「穴いっぱいほるの。新幹線はどっち（走るの）？」
レオン：「鉄橋」
ゆうき：「シュー　スタート」（板の上を走らせる）
しょうへい：「ポイントをきりかえるところになっているんだ」
　（先ほど掘った溝を直す）
ゆうき：「これがゴードン」
ガク：「これがトーマス」
レオン：「ここ，出口にしようか」
しょうへい：「ここを終点の駅にしよう」
ゆうき：「ここから（電車が）あがっていくの」

以上の会話だけをみると，それぞれが言葉を発していてつながっていません。しかし，砂場で場やものがこの関係をつなぎ，遊びの動きが会話をつなげています。保育者は言葉で子ども同士を育てていくのではなく，子どもがつながる場やものを子どもたちとともに構成していくことで，会話がつながり，子どもたちの言葉の能力も育っていくといえます。遊びや生活のなかでの活動を，発達の連続性，生活の連続性を保障するように保育者がデザインしかかわっていくことで，子どもたちのもっている知識や力を十二分に出し，個人の感性や思考の言葉を培い，そしてまたその考えや思いを交渉する言葉を育てていくことができるのです。

❸一斉での対話世界へ

　遊びや生活のなかで行為しながら対話するという言葉の能力の発達と同時に，その行為を振り返って語り合うという談話や，また皆で絵本や紙芝居などを通して書き言葉による物語世界へかかわるという談話にも，子どもたちは参加できるようになります。
　以下のエピソードは5歳3学期の子どもたちが表現発表会のために相互につくり合ったものを学級全体で語り合っている場面です。

Episode 10

→14　秋田喜代美「領域言葉の基本と改訂内容について」『初等教育資料』841，2009年，pp. 80-86.

5歳児クラス（1月）　[14]

　劇のなかで各々の役が使う衣装や道具をグループでつくった後，クラスの皆で集まっている場面である。
保育者：「そろそろはじめようね。何をどういうふうにつくったかを順に話してね。はじめはどのグループからにしようか」
勇者チーム（こうた）：「(戦いのための) シールド（盾）」
保育者：「つくるのに難しかったことは？」
勇者チーム（けん）：「ダンボールとダンボールをつけたところです。あと，セロテープのしんをダンボールにつけました」
えみ：「もつところは，どうやってつけたの」（セロテープがダンボールに直角についているのを指して）
こうた：「両面テープとガムテープで，つけたの」
ようこ：「うしろにどうやってつけたの」
こうた：「けんがおさえて，僕がこうやって貼ったの」（と協力してやった動作を示す）

第2章　乳幼児の言葉の発達を支えているもの

　先生が何をつくったかという質問に対しては，子どもたちの言葉は簡単です。それはできたものを見れば誰でもわかることだからです。それに対して「つくるのに難しかったことは？」という質問は，その子たちにしかわからないことだから，語りたくなるのです。けんは自分たちのことを一生懸命語っています。そしてえみやようこが，うまくできている友達の工夫を認めた質問をすることで，こうたも語りたくなっています。子どもたちは語りたいと思うことだから，みなに向けて長くきちんと話すのです。そしてそれは聴く価値があると思うから子どもたちも質問し，その内容に共同注意を向けてみなで聞き合っています。

　そしてこうした姿が，小学校へとつながっていく聴き合う姿へと育っていくということができます。話し合う力は，個々の子どもの発表する言語能力ではありません。【Episode 10】のえみやようこのように相手の気持ちに立って聴き取り，たずねる訊く力が育つことで，その学級としての聴き合い語り合う雰囲気が醸成され，それによって個々の子どもの聞く力も伝え合う力も育っていくといえます。そしてそれを支えるのは，伝えたくなるような活動と伝えたくなる集団づくりを入園から卒園までを見通して育てていくことにあるといえるでしょう。

　　「ある子どもは一見何もしないように見えます。何もしないでも安心してそこにいていいとわかると，誰でも内に潜む創造的な心が動き始めます。そのほんのわずかな身体の動きをみおとさないで，そっと答えることが必要です。大人が自らの感受性を磨きながら，生活のひとこまひとこまを，子どもと一緒に歩むのが「教育」の時でしょう。[15]」

➡15　津守真『愛育の庭から』愛育養護学校, 2009年, 非売品

　言葉の発達を支えるのは，保育者がそれぞれの子どものその子の実存の声を聴き取り，安心できるような関係と場，そして夢中になり没頭できる活動と場を子どもとともにつくることです。そして子どもの創造的な心が動き始めるのを待って応えることでしょう。それは個々の子どもだけではなく，子ども同士の聴き合い，認め合える関係の芽生えを保育者が見出し，それらに応じながら自分の言葉もまた無駄なく子どもにとって届く，体験のなかにある美しい言葉へと磨いていくことで可能となるのです。

さらに学びたい人のために

・正高信男『0歳児がことばを獲得するとき——行動学からのアプローチ』中央公論社，1993年
　本書は，0歳児の赤ちゃんが意味のある言葉を獲得する前からもっている有能さを，人間が音声を発する身体の仕組みや親子が発声のピッチを合わせたり親の言葉に合わせて手足を動かす赤ちゃんの姿などの具体的な研究データをもとにしながら紹介しています。ヒトが他の動物とは異なり生まれつきもっているコミュニケーションの有能さとそれに応えようとする養育者の応答のメカニズムを科学的にかつわかりやすく知ることができるという意味で，手軽に読める点でもお勧めしたい1冊です。

・藤崎春代・西本絹子・浜谷直人・常田秀子『保育のなかのコミュニケーション——園生活においてちょっと気になる子どもたち』ミネルヴァ書房，1992年
　本書を読むことで，言葉の発達はただ言葉が話せるようになるということだけではなく，家庭とは異なり，集団生活の場である保育の場には固有のコミュニケーションのルールがあること，そしてそのルールから見ると少し違う行動をしている子どもたちの姿を描き出すことで，その子どもたちをどのように理解し，いかにかかわっていくことができるかを具体的な巡回相談等での経験をふまえて紹介しています。長く読み継がれている本でもあり，言葉の発達には，園の文化，保育の文化への参加という視点が必要であることを示している点でも，ぜひとも読んでもらいたい1冊です。

演 習 問 題

1. 子どもの言葉の発達を支えるためには，保育者として具体的にどのようなことに気をつけて子どもとかかわったらよいかを，ポイントをあげて自分の言葉で整理してみましょう。さらにそれを年齢に対応してどのようにしたらよいかも考えてみましょう。
2. 子どもの言葉の発達を支えるためには，保育環境として具体的にどのような環境構成をすることが求められるでしょうか。実際に保育場面や保育室を参観することができたら，それをもとにして考えてみましょう。

第3章

乳幼児のことばの発達を どう理解するか

　私たち人間は，生まれてすぐにことばを話すことはできません。では，どのような過程を経て，話せるようになるのでしょうか。
　赤ちゃんの能力についての研究が進み，ことばを話せない赤ちゃんがいかに有能な存在であるかは，今では疑われることのない周知の事実となっています。赤ちゃんが，世界のどんな言語に含まれる音でも聞きわけることのできる能力をもち，あらゆる環境に適応できる力をもって生まれてきていることも，少しずつわかってきました。しかし，どんなに有能な赤ちゃんであっても，ひとり放っておかれたのでは，ことばはおろか人として育っていくことはできません。人が人として育っていくためには，どんなことが重要なのでしょうか。
　この章では，乳幼児のことばの育ちを背景に，ことばを話せるようになるまでの過程において重要と考えられる身体的な表現や人と人とのかかわりについて考えながら，伝え合い響き合うことのできる，生きたことばとして育まれることが，いかに人として重要なことであるかについて一緒に考えていきましょう。

おむつもきれい
ミルクも飲んだ…
何で泣くんでしょう？

それは…
その子の心の
声に耳を
かたむけて…

フギャー
フギャー

「自分の偉大な
存在意義に気づいて
びっくりしちゃった！」
と言っているわ

ほんと
ですか？

Don't Cry, Baby

※あながち
間違いでは
ないかもしれない

第3章　乳幼児のことばの発達をどう理解するか

第1節 ことばとしての身体表現

❶身体が語ることば

　もう10年前になるでしょうか。私が，ある幼稚園に参加観察者として通っていたときに目にした光景で，忘れられない子どもと保育者の姿があります。それは，次のようなエピソードです。

Episode 1

▶1　福﨑淳子「子どもを理解するために」福﨑淳子・岩田恵子・府川昭世『幼児理解と保育相談』東京未来大学，2009年，p.11.

そっと手を握る [1]

　5歳児クラスの男の子ふたりが，ホールで凄まじい取っ組み合いのケンカをしていました。様子をみていた保育者も，ここまでと思ったのでしょう，止めに入りました。しかし，ケンカはなかなか収まりません。大声で泣き叫びながら足で突きとばし合う男の子ふたり。ようやく少し落ち着き，保育者に諭されているふたりの場所から少し離れたところに，3歳児クラスのひとりの女の子が立ちすくんでいました。あまりに凄まじい年長児のケンカを目にし，動けなくなったのではないかと思われました。私（筆者）が近づこうかどうしようかと考えていたそのとき，ひとりの別の保育者がやって来て女の子の傍らで止まり，女の子の右手をそっと握りました。その瞬間，女の子の肩から緊張が解きほぐされていきました。解きほぐされていくその瞬間を，私は目にしたのです。その後，女の子と保育者は顔を見合わせ，保育者が微笑みながら静かに首を縦に振ると，女の子もうなずき返し，保育者から離れていきました。保育者も，解きほぐされた女の子の背中を黙って静かに見送りながら，その場から離れていきました。

　この女の子と保育者の姿から，みなさんはどのようなことを感じられるでしょうか。
　年長5歳の男の子の凄まじいケンカは，3歳の女の子にとって，恐怖に近いものがあったのだと思います。動けなくなってしまった子どもの気持ちを考えたとき，私たちは，思わず声をかけたくなってしまいませんか。しかし，このときの保育者は，「どうしたの」と肩を叩

いたり、「大丈夫」とことばをかけたりするのではなく、ただ黙って女の子の傍らに立ち、その手をそっと握ったのです。その瞬間、立ちすくみながら、背中が訴えていた女の子の緊張感は、解きほぐされていきました。緊張感が解きほぐされていく瞬間、それは、魔法のようでした。女の子にとって、何よりもの安心感がそのとき生まれたのではないかと思います。固く盛り上がっていた小さな肩から、すっと力が抜けていくその瞬間を、私は今でも忘れることができません。子どもの心を身体で受けとめ、ことばを越えて、子どもの世界にともに身をおく保育者の姿が、そこにあったのです。女の子と保育者との間には、ひとことのことばもかわされていません。しかし、それは女の子の身体から発せられる心の声を、しっかりと受けとめた保育者の姿だったのです。

　釘付けになった私は、この日の保育が終わった後、この光景を目にした感動を保育者に伝えたのですが、保育者からは、「ああー、あれですか。気がついたら手を握っていただけですよ」という簡単な返事が返ってきただけでした。この保育者にとっては、自然の流れのなかでなされたことであり、けっして特別なことではなかったのでしょう。日常的な保育のなかで生まれるごくごく普通の行為でしかなかったのです。しかし、この返事を受けて、私の感動はさらに深くなりました。あの光景は、子どもの身体が発信している心の叫びを無意識のうちに受けとめ、自然に子どもの世界に引き寄せられていく保育者の姿そのものだったのです。

　ここには、女の子の身体が語る心の声があります。それは耳で聞き取ることばではなく、肌で感じ取ることばともいえるでしょう。

　津守は、「われわれが知覚する子どもの行動は、子どもが心に感じている世界の表現である」と述べ[2]、さらに「行動は表現であるという認識に立たないと、子どもの世界の本質から切り離された、客観的な観察による断片的行動が、不当に重視されることになるだろう」と述べています[3]。ここには、子どもの行動を目に見える範囲でおさめるのではなく、心の動きが映し出されている表現として心でよみとることの大切さが示唆されています。子どもの行動が表現だからこそ、そこに、身体が語ることばが潜んでいるのだと思います。その身体が語ることばを肌で感じ取り、心でよみとることができてこそ、子どもの心の動きをとらえていくことができるのではないでしょうか。そして、この身体が語ることばは、保育においてとても重要なことです。

[2] 津守真『保育の体験と思索』大日本図書、1980年、p. 5.

[3] 同上書、p. 6.

このような身体が語ることばというものがあるのです。乳幼児のことばの育ちにおいて、このような身体が語ることばがどのような意味をもっているのかを考えるために、ことばを話すようになる以前の子どもの姿を見てみましょう。

❷ことばが生まれる前

　人間生活の営みのなかで、文字の文化がない社会はあります。たとえば、2008年6月に日本の先住民族として認められたアイヌの人たちが使っていたアイヌ語も、文字はありませんでした。ことばの音によって語り継がれてきたのです。しかし、ことばがない社会はないといわれています。人間が人として生きていく上で、ことばがどれほど重要なものであるかがうかがわれます。

　なぜ、ことばが重要なのでしょう。もし、ことばがなかったら、と考えてみてください。私たちが何かを考えるとき、何かを伝えたいと思ったとき、ことばがなかったらどうでしょう。ことばによって私たちは考えたり、感じたりすることができます。人に思いを伝えることができます。しかし、私たちは、生まれてすぐにことばを話すことはできません。では、生まれてすぐには人と通じ合うことはできないのでしょうか。

　まだ話すことのできない赤ちゃんが、おかあさんにおむつを取り替えてもらっているときの様子を思い浮かべてみてください。おむつを取り替えながら、おかあさんが赤ちゃんに向かって「おしっこ、いっぱいでたね。取り替えようね。ああ、気持ちいいね」と呼びかけている姿が浮かんできませんか。そして、赤ちゃんが気持ちよさそうに笑っている顔が浮かんできませんか。赤ちゃんからのことばによる返事がなくとも、赤ちゃんの心地よさはおかあさんに伝わっています。赤ちゃんの全身がそれを語り、おかあさんはそれを肌で感じ取っているのです。そして、おかあさんの「気持ちいいね」という声かけは、おむつが濡れて不快だった状態から心地よさへと導いてくれたおかあさんの行為と重ね合わされながら、赤ちゃんに伝わっていきます。このとき、おかあさんと赤ちゃんの心と心が繋がります。ことばを話さない赤ちゃんとおかあさんは、しっかりやりとりをし、お互いの気持ちが通じ合っているのです。

　このような赤ちゃんとおかあさんとのやりとりを考えると、音声と

して発せられることばだけがことばではないことに気づかれるでしょう。身体的な表現が，ことばとしての働きを担っているのです。

　このようにまだことばの話せない子どもにとって身体的な表現は，ことばと同じような表現手段になっています。この身体的な表現を通して，子どもと養育者との心と心が繋がり，互いの絆が培われていきます。日常的に繰り返されるたわいもないと思えるような子どもと養育者や保育者とのやりとり，これこそが，子どものことばが育っていくための重要な土台なのです。

❸ことばの発達のおおまかな道筋

　ことばの発達について本章では詳しくはふれませんが，誕生後の赤ちゃんが不快な状態（苦痛・飢えなど）のとき泣く声は，叫喚発声といわれ，養育者の育児行動（授乳・愛撫・おむつ交換など）を触発します。先に述べたような養育者と赤ちゃんのやりとりは，まさにこれにあたります。1か月頃には非叫喚発声が聞かれ，5，6か月頃から見られる喃語を経て，1歳から1歳半になると「マンマ」「バーバ」という一語発話が生まれます。これがことばの誕生です。このことばの誕生の前，生後9か月頃から「指さし行動」といわれる行動が見られます。乳児が興味をもったものを見つけたときに，それを指で示す行動ですが，すぐれて人間的な行動だと考えられています。なぜならば，犬や猫に指さしをしても，犬や猫が見るのは指の先であり，指している向こう側を見ることはありません。指を指した向こう側のものを他者と共有できるということは，人間ができる極めて高度な行動なのです。このような指さし行動は，ことばの基盤になる大切な行動と考えられています。なぜなら，子どもの指さしたものに応じて，他者が注意を共有し，感情をともにするということで，コミュニケーションの発達が促されていると考えられているからです。そして，2歳前後には，「ママ　ネンネ」（ママが寝ている），「オトト　イル」（外にいる）というような二語発話が出現し，このあたりからたくさんのことばを発するようになるので，ことばの爆発的獲得期といわれています。3歳前後には，構文的には一応完成すると考えられ，4歳くらいになると，日常生活のなかでことばの使用が板につき，自分のことばで日々の生活を営むことができるようになってきます。

　ことばの発達にはこのようなおおまかな道筋がありますが，ことば

➡4　非叫喚発声
　快適な状態のときに聞かれるリラックスした発声で，クオーン・クーというようなやわらかな発声です。

➡5　喃語
　快状態において自発する子音と母音的要素からなる指示的な意味をもたない非反射的な音声発話で，言語の音声的基盤といわれています。「アーアー」「ババババ」という母音から，徐々に「バブバブ」「メムメム」という子音を含むようになります。

が育つ背景には，ことばにならない時期に発する叫喚発声，非叫喚発声，喃語や指さし行動，そして表情や身振りなどを通してなされる養育者や保育者など周りの人とのやりとりが，強い影響をもっています。一方的に発しているだけでは，ことばが育つ基盤はつくられません。ことばが生まれる前のかかわりが，子どものことばの育ちも支えているのです。そして，子どもがことばを話すようになっても，けっしてことばだけですべてを伝えているのではありません。【Episode 1】に見るように，常に身体が語ることばがあるということを，心に留めておくことが重要です。

第2節 コミュニケーションとしてのことば

❶コミュニケーションとは

　私たちは，人との関係を深めたり，互いを理解し合うためには，コミュニケーションが大切だといいます。きちんとしたコミュニケーションがとれていなかったために，誤解されてしまったといういい方をすることもあります。
　では，コミュニケーションとは，どういうことなのでしょうか。
　コミュニケーションには，「ことばや文字などで意思の伝達を行うこと」（『広辞苑』第五版　岩波書店）という意味があります。つまり，伝えることを意味しています。しかし，communication という英語には common という語が含まれています。この common には，「共通の」「共同の」「共有の」という意味があり，コミュニケーションには，このような意味が含まれているのです。やまだは「コミュニケーションとは，共通のものをつくりだす営み[6]」と述べています。一方的にことばを伝えるだけでは，コミュニケーションにはならないということです。伝え合い響き合い，共通の世界を感じ取ってこそ，コミュニケーションといえるのであり，ただことばを伝えるだけでは，コミュニケーションとはいえないのです。
　前節で述べた誕生後9か月頃から見られる指さし行動を思い出して

[6] 秦野悦子・やまだようこ（編）『コミュニケーションという謎』ミネルヴァ書房，1998年，p. 3.

ください。この行動がコミュニケーションの発達に意味をもっているといわれるのはなぜでしたか。それは，指さし行動によって，あるものに対する注意が他者と共有され，感情をともにするという共通の世界がそこに生み出されるからであったはずです。たとえば，「あっあっ」といいながら子どもが赤いチューリップの花を指さしたとしたら，「あ，赤いチューリップが咲いてるね。かわいいね」と応えることによって子どもとの世界が共有され，響き合います。指さし行動がことばの基盤になる大切な行動と考えられている理由もここにあります。その意味で，指さし行動は，ことばを話すようになる前に見られる重要な表現として，ことばの一歩手前の行動といわれ，ノンバーバル（非言語的）コミュニケーションともいわれています。

❷響き合うことばのやりとりとは

では，次の２つのエピソードから，コミュニケーションについて考えてみましょう。

Episode 2

➡7　岡本夏木『ことばと発達』岩波書店，1985年，p. 42.

新幹線と魚釣り[7]

A児：昨日新幹線（に）乗ったぞ
B児：お父さんとな，釣りへ行ったんや
A児：ひかり号ものすごう速いで
B児：お父さんいっぱい魚釣らはったで
A児：食堂いったで
B児：エサのつけ方知ってるか，お前ようつけんやろ

（保育所５歳児クラスの男児のやりとり）

Episode 3

➡8　小川清実「言葉の世界」阿部明子他（編）『保育内容　言葉の探究』相川書房，1997年，pp. 13-14.

どちらからいらっしゃったのですか？[8]

　園庭で子どもたちを観察しているとＡ男がやってきた。
A：こんにちは
B：こんにちは
A：どちらからいらっしゃったのですか？

B：東京からです
 A：東京のどちらですか？
 B：あのう，日本橋というところですけど……
 A：ああ，地下鉄東西線の日本橋ですね。それでは地下鉄東西線で西船橋までいらして，総武線に乗り換えて西千葉までいらっしゃったのですね。どうぞごゆっくりしていらしてください
 B：ありがとうございます

(幼稚園4歳児クラス男児Aと観察者Bのやりとり)

さて，この2つのエピソードの子どものことばのやりとりは，コミュニケーションといえるでしょうか。また，ことばの豊かさということを考えたとき，どちらのエピソードの子どものことばが豊かといえるでしょうか。

【Episode 2】のA児とB児の話は，A児は新幹線に乗ったことを話し，B児はおとうさんと釣りにいったことを話しています。一見すると話がかみ合っていないように思えます。しかし，このやりとりは，A児の新幹線に乗ったという自慢話を受けたB児が，自分だって釣りに行ったんだという自慢話で返しています。相手の話を無視しているのではなく，それを受けてこそ生まれているやりとりなのです。岡本は「『新幹線』と『魚釣り』ということを強調すれば，それはすれ違いに終わっても，自慢のしあいととれば，明らかに立派な会話の成立といえるだろう」と説明しています。まさにやりとりを生みだしているのは，自慢のし合いっこであり，相手の自慢をさらに超える自慢話をすることで，会話が進んでいます。自慢という共通の世界によって成り立っている会話といえます。おとなからすればちぐはぐな会話であっても，そこには，共通の世界をつくり出す営みがあり，子どもならではのコミュニケーションといえるのではないでしょうか。自慢のし合いによって響き合うことばのやりとりが，そこに育まれているのです。

一方，【Episode 3】のAは，とてもていねいなことば遣いで，観察者Bと話をしています。4歳とは思えないおとなのようなことば遣いです。Aがこのようなやりとりを求めた背景には，どのようなことがあるのでしょうか。Aは，Bとのやりとりの後，すべての来園者にも同じように尋ねては西千葉までの道のりを説明しています。その後，園庭でひとり棒きれを使って線路と駅を描き，東海道新幹線の

▶9 岡本夏木『ことばと発達』岩波書店，1985年，p. 43.

駅名をいって歩くというひとり遊びの姿が見られています。Aにとってはこの駅名を言うという遊びこそが意味をもっていたのです。Bと交わしたあいさつは，ただ駅名を引き出すための手段だったと考えられます。このエピソードを体験した小川は「A男の話し方だけを見れば他の子どもたちには決してできない『見事』なものです。けれども言葉が人と人とのコミュニケーションを豊かにするという観点から見ると，A男の言葉はコミュニケーションとしての役割は果たしていません」と述べています。形の上では見事な会話がなされていると思えても，そこには，コミュニケーションによってつくりだされるはずの共通の世界，響き合うことばのやりとりがみられないということなのです。

→10 小川清実「言葉の世界」阿部明子他（編）『保育内容　言葉の探究』相川書房，1997年，p. 14.

　このように，コミュニケーションは，ことばを伝えるだけではなく，響き合うことばのやりとりがあってこそ，その意味が成り立つのです。
　2008年に改訂された「幼稚園教育要領」の領域「言葉」における「内容の取扱い」において，(2)に「言葉による伝え合いができるようにすること」という内容が加えられています。ことばを伝えるだけでなく，伝え合うことがより重視されていることがわかります。伝え合う喜びは，自分の思いや願いが相手に伝わり，共有できたときの喜びでもあります。ノンバーバルなコミュニケーションも含めたコミュニケーションを通して伝え合う喜びが育まれ，ことばを豊かにしていくのです。

第3節　「なんで」「どうして」という質問を通して育つもの

❶知りたがりやの幼児期

　子どもがことばを獲得していくことは，さまざまなものに名前や意味があるという概念が育つことでもあります。これは，子どもの知りたいという欲求をさらに刺激することになります。「これなんていうの」「なんでなの」「どうしてなの」という質問が次々に生まれるのも，まさにことばの獲得によって刺激される子どもの好奇心であり，それ

は，子どもらしさのひとつの特徴でもあるのです。

特に，3，4歳頃になると，いろいろな事物や現象のもつ意味に興味をもち，「なんで」「どうして」としつこく質問するようになります。まさに知りたがりやの幼児期といってもよいでしょう。

おとなにとってはいい加減にしてほしいと思うときもあります。しかし，幼児期に見られる自然な発達のひとつの特徴として，やさしく耳を傾けるおとな（保育者）であってほしいと思います。おとなが子どもの質問に答えてあげることによって，子どもはものごとの知識や意味の理解を深めていきます。その深まりが環境に積極的に働きかける〈やる気〉の基礎にもなるのです。幼稚園や保育所で経験する新しいできごとやさまざまな遊びは，まさに子どもの好奇心をそそる場であることを忘れないでほしいと思います。

大切なことは，子どもの質問をうるさいと切り捨てるのではなく，耳を傾けてやさしく応じる姿勢をもつことです。ときには，子どもにどう思うか聞いてみたり，一緒に調べてみたりとその疑問を共有することもよいのではないでしょうか。子どもには，「知りたい」という思いと同時に，その思いを共有してくれる人がそばにいる，ということも重要なことなのです。子どもの「なんで」「どうして」に耳を傾け，その世界を共有する保育者であってほしいと願っています。

❷園生活が育む好奇心

幼稚園や保育所は，子どもたちがさまざまなものと出会い，新たな発見をする場でもあります。おとなでは見過ごしてしまう小さな世界に足を止め，「なんで」「どうして」を感じながら，周りの世界の認識を深めていきます。

次のエピソードは，観察に通っていた幼稚園（5歳児クラス）での体験です。

➡11 福﨑淳子「保育内容と子どもの発達」福﨑淳子・横山文樹『保育内容総論』東京未来大学，2008年，p. 62.

Episode 4

ひかってるでしょ [11]

前日降った大雨が嘘のように晴れ渡った日の朝，園庭から勢いよくシュンが走り込んできて，「先生 来て」と保育者と私（観察者）を呼びに来ました。一緒に行った場所は，園庭に植えられている木々のある所です。小さな木と木の間にできているクモの巣をシュンが指さしました。「ひかってるでしょ」と

いうシュンのことばに，クモの嫌いな私も思わず見入ってしまいました。雨の水滴がクモの巣につき，日の光に反射して本当にきれいな虹色に輝いているのです。シュンは「ぼくみつけたの」と得意顔です。発見を知らされた私たちは，シュンの功績に思わず拍手を送りました。

　その後，この発見は他の子どもたちにも知らされ，数人の子どもたちが集まってきました。そのとき，ミクが「あっちはひかってない」と指さします。別の木と木の間にできた小さなクモの巣は確かに虹色に光っていません。「どうして」という子どもたちの「なぜだろう」論議がはじまりました。「クモの巣が違うんだ」「濡れてないから」「ここだけ雨が降らなかったんじゃないか」「クモが食べちゃったんだ」など，いろいろな意見が出されながら，光っていないクモの巣にもわずかな水滴がついていることを，子どもたち自身で確認し合いました。保育者が，光っているクモの巣を指さして「こっちは，いっぱいお日さまがあたってるね」というと，子どもたちは，大きな木の陰になって虹色に光っていないクモの巣には，日の光が射していないこと，水滴が少ないことに気づきました。「おひさまって，宝石つくるんだ」というミクのことばに，一同，納得の様子でした。そして，さらに，あれだけの大雨が降っても壊れないクモの巣はすごいということも発見したのです。その後，昆虫図鑑でさまざまなクモの名前を調べている子どもの姿がありました。

　おとなでは見逃してしまうクモの巣の虹色の輝き，その輝きに魅せられているだけでなく，虹色には輝かないクモの巣も発見し，「なぜだろう」と追究する子どもたち。太陽の恩恵を受けて宝石の輝きを放つということを発見した子どもたちのなかには，大雨に打たれても壊れないクモの巣のすごさに驚き，もっとクモのことが知りたくなって昆虫図鑑調べへと発展していく姿も見られました。その後，得意そうに図鑑を開きながらいろいろなクモの名前を教えてくれた子どももいました。クモの苦手な私も，得意になって教えてくれる子どもの姿に引き寄せられて，思わず図鑑を見入ってしまいました。そして，それ以来，クモの巣を見ると，このときの子どもたちの姿が目に浮かび，クモの巣がすてきなものに見えてくるのです。

　おとなにとってはなんでもないと思えるようなことであっても，子どもの小さな発見や「なんで」「どうして」という追究の姿に，改めて子どもの好奇心の深さを学びます。

第4節 友だちとのおしゃべりやトラブルを通して育つもの

❶友だちとのかかわりから深められるもの

　園という集団生活のなかで，子どもたちは友だちとのかかわりを通してさまざまな体験を広げ，おしゃべりも盛んになります。前節で紹介したクモの巣のエピソードを考えても，ひとりの子どもの発見からさまざまな論議とともにことばがかわされ，好奇心が膨らんでいく様子がわかります。仲間がいるからこそ生まれる新たな発見があり，それを共有する喜びがあります。仲間がいるからこそともに感じることのできる楽しさやうれしさがあります。おしゃべりしながら，互いの思いが通じ合う喜びや知ることの楽しさを感じ取っていくのです。そして，気づくことから生まれる驚きや，互いに賞賛し合い励まし合うことばのやりとりも，集団生活を通して生まれていきます。

　ある幼稚園での3歳児クラスの片づけの時間，ブロックを片づけていた女の子がロッカーに手をぶつけてしまいました。すると傍らにいた友だちが，「大丈夫？」と心配そうにその女の子に声をかけたのです。ぶつけた女の子は「うん，ありがと」と応えている姿がありました。仲間を思う気持ちが育っていることを感じさせる一瞬の光景です。園生活というたくさんの仲間がともに生活する場だからこそ，互いにことばをかけ合いながら他者を思う気持ちが育っていくのです。

❷トラブルを通して育つもの

　友だちとおしゃべりをする楽しさは，だれもが感じたことがあるでしょう。ことばを話しはじめた子どもたちにとっても，友だちとのおしゃべりは，新たな発見や気づき，そして遊びを深めていく大切な体験です。おしゃべりしながら，話すことの楽しさや相手に伝わることの心地よさを感じ，ことばを深めていきます。しかし，楽しいことばかりではありません。家庭では味わうことのなかった悔しさや悲しさも，友だちとのかかわりを通して生まれてきます。自分の思い通りに

いかないこともたくさんあるのが園生活です。ですから，園生活には，子ども同士のトラブルはつきものなのです。

　トラブルがつきものである園生活だからこそ，集団のなかで互いに楽しく暮らしていくための約束ごともあります。また，集団だからこそ，必要とされることばもあります。たとえば，「みんな」「なかよく」「いっしょに」「じゅんばんに」「かわりばんこ」「ならんで」「入れて」「かして」「ごめんなさい」など，ひとりでは必要のなかったことばが，ともに暮らしていくためには必要になってきます。しかし，これらのことばは，トラブルを起こす原因にもなるといわれています。

Episode 5

▶12　福﨑淳子『園生活における幼児の「みてて」発話』相川書房，2006年，p. 63.

だめ　アイの [12]

　ままごとコーナーのところで，アイがひとりでままごと遊びをしています。コーナーの机の上には，果物や野菜のおもちゃの入った箱や粘土の箱などが置いてあります。アイがひとりで遊んでいる所へレナがやって来て，コーナーに置いてある箱のなかからミカンを取ろうとします。するとアイは「だめ　アイの」と言って，レナが手にしたミカンを取り上げ，自分の脇に置きます。レナは「かして」と頼みますがアイに断られ，今度はトマトを手にします。しかし，「これもアイの　だめ」と言われてしまいます。レナは再度「かして」と懇願しますが断られ，アイから「ナスならいいよ」とナスを差し出されます。レナは語気を強めて「もういらない」と言ってアイの差し出したナスを振りきり，保育室を出ていきます。アイはレナの後ろ姿を見てから，トマトをお皿に載せて「あげようと思ったのに」とつぶやきます。

　幼稚園3歳児クラスの9月に見られたエピソードです。ひとり遊びをしているアイの近くに置かれたおもちゃ箱からレナがはじめはミカンを，次にトマトを取ろうとしますが，アイは優先権を主張してレナに譲りません。懇願するレナにナスならばと差し出しますが，逆に語気を強めて断られ，去っていくレナの姿を見ながら「あげようと思ったのに」とつぶやいています。アイは，レナが貸してと懇願したミカンもトマトも箱に入っていただけで，使っていたわけではありません。しかし，貸してといわれると貸したくなくなる気持ちが生まれるのでしょう。ですから，レナには要求されなかったナスならばと差し出しています。

　このように，集団生活ではおもちゃの取り合いによるトラブルがよ

く発生します。ともに生活する場だからこそ，譲り合って使うことが必要になります。このような場面で，子どもは，相手の気持ちや自分の気持ちとも向かい合います。アイの「あげようと思ったのに」というつぶやきは，怒ったレナの気持ちを察しています。でも，求められているときには譲れなかったアイなのです。実はこのエピソードのあと，アイは，保育室に戻ってきたレナに，トマトを載せたお皿を差し出すのですが，やはり拒否されます。レナにしてみれば，「今さらいらない」という思いとともに素直に受けとれないという抵抗もあるのでしょう。互いの気持ちが静かにぶつかり合います。

　このように集団生活のなかで，子どもはトラブルを経験しながら，自分の気持ちと向かい合い，ときには抑えられない思いをことばでぶつけたり，他者の気持ちを思ったりする体験を通して，他者の気持ちを理解し，ともに生活していくためのルールを身につけていきます。そして，がまんすることの大切さも学び，少しずつ友だちとの関係を調整していけるようになっていくのです。

　しかし，子どもはことばで十分説明しきれないときもあります。保育者が間に入って相手の気持ちや当事者の気持ちを代弁することも必要なときがあります。しかし，大切なことは，トラブルが起きたときに，意図的にしたわけではないために子どもがなぜ悪いのか，なぜ謝らなければいけないのかの理解ができていない場合があります。たとえば，わざとではなくぶつかってしまって友だちのつくっているものを壊してしまったり，相手が先に手を出したので，やり返したりしたとき，謝ることばかりを強要されると，謝罪することの本当の意味が理解できなくなってしまいます。「ごめんなさい」とひとこと謝ることも必要ですが，謝ればすべて解決というわけではありません。なぜ謝るのかの意味を理解できるようにすることも大切です。ですから，「ごめんなさい」といった後の子どもの姿を受けとめることも保育者には求められています。「ごめんなさい」ということばについていえば，そのもつ意味だけでなく，本当に悪かったという思いが込められてこそ，そのことばが生きたものになるのだと思います。

　集団生活だからこそ必要とされることば，その一つひとつのことばが機械的にことば上の意味だけで用いられ，ことなきを得ればよいということではなく，人と人との心を繋ぐことばとして，そこに託される思いのあることを大切にしてほしいと願っています。そのためには，トラブルを避けるのではなく，トラブルの経験を通して，自分の思い

や考えを伝えることの大切さや友だちの思いや考えにも耳を傾けていけるように，子どものことばの育ちを支えていくことが重要です。

第5節 なりきることやごっこ遊びを通して育つもの

❶イメージの共有

　ごっこ遊びが生まれてくる背景には，ことばが重要な意味をもっています。何かを頭のなかでイメージできることは，ことばが育っているからこそのことなのです。そして，自分のもっているイメージをことばで発することで，そのイメージがさらに膨らみ，友だちとのイメージの共有も深めることができます。

　4年ごとに開かれる夏季オリンピック。そのオリンピックのあった年の夏休み明け，ある幼稚園に見学に行ったとき，年長の遊びには「柔道ごっこ」が展開されていました。ホールの一角にマットが敷き詰められ，手と手を組んで柔道ごっこです。柔道競技に対するそれぞれの子どものイメージもあるようです。ふたりの男の子が身体を離して組んでいる様子を見ていた別の男の子が，納得できないのか「しっかり組まなきゃだめだよ」と叫びます。その声に身体を倒して組んで見せるふたり。すると今度は，「それじゃ，レスリングだよ」と組み方の指導が入りますが，今度は，「レスリングじゃないよ，これはいいんだよ」と反論しています。意見が交わされながら，子どもなりの柔道のイメージが共有されていきます。そして，マットのそばには応援団が座り，ポーズを決めると拍手が起こります。おもしろいことに，勝ちなのりのポーズは組んだふたりがしていますが，そこでは異議は生じず，ふたりに「やったー」と拍手する応援団です。すっかり柔道選手になりきったふたりは，得意顔で手をあげて応援団に応えます。応援団も応援団としての役になりきって，拍手喝采です。

　少し離れたところでは，高さのある大型マットのそばに巧技台やゲームボックスが置かれ，その上から飛び降りて手をあげ，ポーズをとっている男の子の姿があります。体操ごっこです。順番を待つ女の子

からは、「動くとだめなんだよ、じっとしてなくちゃ」といわれ、少しの間足を揃えて静止し、まっすぐに立ってみせる男の子、すっかり体操選手になりきっています。

オリンピックの雰囲気を体中で表現し、選手や応援団と、それぞれの役になりきっている5歳児の姿がありました。

このように、子どもたちは、日常生活で目にしたことや体験したことを遊びに取り入れながら、ごっこのイメージを共有しています。自分の思い描く姿と友だちのイメージがずれることもあります。そのずれのぶつかり合いもまたひとつの学びであり、ことばを通して、自分の思いをわかってもらおうとすることも、人との関係を深めていく上で大切な体験です。

❷深められていくことば

次のエピソードは、段ボールの囲いを立てるところからはじまった遊びが、温泉ごっこに発展していく様子です。

Episode 6

➡13 福﨑淳子『園生活における幼児の「みてて」発話』相川書房、2006年、pp. 58-59.

温泉屋さんです　➡13

ハルナとマイとサオリが、ホールの角で段ボール箱の塀を並べながら囲いをつくろうとしますが、うまく塀が立ちません。ハルナがタオルを運び込み、「これかけようよ」と言って、タオルを塀にかけてみますが、また段ボールの塀は倒れてしまいます。するとサオリがウレタン積木を塀の前に置き、「みて　こうやればできるじゃん」と言って、その上に先ほどのタオルをかけてみせます。うまく塀が立った状態になると、「ね」とハルナとマイに向かって呼びかけます。今度は、3人でウレタン積木を塀沿いに並べ、その上にタオルをかけて覆っていきます。ハルナがタオルをかけながら「おふろつくってんだもんねー」と言うと、サオリもマイも「おふろだもんね」と応えます。サオリが「ここに、いすおこう」と言って椅子をもって来ます。マイが椅子に座ると、サオリが「おんせんでーす」と叫びます。するとハルナとマイも「おんせん　おんせん」と繰り返し、交替で椅子に座ります。通りかかった保育者にサオリが「みて　おんせんやさんです」と呼びかけます。保育者から「おんせんなのー　いいね」と返事が返ってくると、今度はハルナとマイによる「おんせんやさんでーす」という呼び込みがはじまります。その呼び込みに誘われてジュンがやって来て「いれてください」と言うと、ハルナとマイは「はい　どうぞ」となかに誘います。ジュンが浸った後は、4人の温泉ごっことなり、呼び込みはジュンに替わります。その後、ままごと道具ももち込まれ、温泉に浸りな

らままごと遊びも展開され,「気持ちいいね」ということばがかわされます。タオルをかけ直したり,椅子を取り替えたりしながら,4人の温泉ごっこが続きます。
(幼稚園3歳児クラス9月)

　段ボールを囲いとしてうまく立てようとしているところからはじまった遊びであり,はじめから温泉遊びをしようとしていたわけではありません。塀を立てるための工夫の提案がなされながら,温泉へと遊びが展開していったのです。3人で知恵をしぼりながら,タオルの利用やウレタン積木の利用が試されています。うまくいくと,そのできた状態からお風呂が連想され,そのイメージが共有されていきます。そして,お風呂に椅子をもち込むと,今度は,温泉のイメージが生まれ,温泉屋さんへと発展していきます。日常的に入るお風呂の体験や,温泉に行ったときの体験が重ね合わされているのでしょう。そうした体験が,お風呂や温泉ということばを生みだしていると考えられます。そして,どうすればうまくいくかを互いに考え,ことばをかわしながら思考し,遊びが膨らんでいきます。お風呂から温泉へと展開していく過程には,お風呂のなかに椅子がもち込まれその椅子に座ることで,ゆっくり浸るというイメージが共有されたのかもしれません。イメージの世界はことばによってさらに膨らみます。お風呂より温泉の方がぴったりしているというサオリのイメージに,「おんせん　おんせん」とリズミカルに応えるハルナとマイ。2人の「おんせんやさんです」という呼び込みにも仲間が加わり,遊びを楽しんでいる姿が感じられます。

　このように,何気ない子どものごっこ遊びであっても,ごっこの世界からイメージを共有し,自分の思いを伝えたり,友だちと話し合ったり,協議したり相談したりしながら,ことばによって友だちとの関係を調整し,深めていく力が培われていくのです。ごっこ遊びは,ことばを獲得したからこそ深められていくイメージの世界ですが,ごっこ遊びによってさらにことばも深められていきます。

第3章 乳幼児のことばの発達をどう理解するか

第6節 文化財との出会いにより育つもの

❶文化財との出会い

　情報化社会といわれる現代，さまざまな情報が子どもの世界にも飛び交います。テレビやパソコンを通して流れるさまざまな情報は，映像として子どもたちの視覚に飛び込んできます。映像による伝達の大切さもありますが，実際に直接手に取り，肌で感じ取ることのできる絵本や紙芝居は，いつの時代になっても尊い文化財です。

　9か月になる赤ちゃんの外国語の学習効果として，ビデオ映像によって外国語を聞かせても，聞かせなかった赤ちゃんと変わらない結果が示される一方で，ビデオと同じ外国語の内容をビデオに登場する同じ人によって，直接対面の形で赤ちゃんに聞かせると，学習効果が認められるという報告があります。直接人とかかわることによってことばにふれる方が，ことばの学習が深められるということを示唆しています。全く同じ内容であっても，ビデオによる映像よりも，語りかける人が同じ空間に身をおいていることに意味があるということは，いかに人と人とのかかわりが重要であるかを示しています。

　このようなことを考えるとき，絵本などの文化財についても，直接ふれることの大切さを改めて思います。決してビデオやテレビを否定するわけではありません。人とのかかわりを通して伝えられていくことの重要性を，私たちはもっと大切にしなければいけないのではないかと思うのです。そして，子どもたちが，さまざまな文化財と直接ふれることのできる出会いをつくるのは，養育者や保育者などをはじめとする子どもとかかわる周りのおとなです。

　絵本を一緒に開きながらおとなが投げかけることばの一つひとつが，どんなに幼い子どもであっても，ことばの育ちを支える大切な土台になっていることを忘れないでほしいと思います。

▶14　NHKスペシャル『赤ちゃん――成長の不思議な道のり』2006年10月22日放映

❷子どもの心に響く絵本

　幼稚園や保育所に行くと,「読んで」と絵本をもってくる子どもの姿をよく見かけます。子どもは,絵本を読んでもらうことが大好きです。絵本を開き,そこに描き出された絵を見ながら「これ　知ってる」と名前をいったり,「これは何」とたずねたりしながら,絵本を通して人との関係も深めています。絵本などの文化財を通して,そこに展開されるイメージを共有する楽しさを味わいながら,ことばの深さも学んでいきます。絵本は書かれている文字を読むというだけではなく,心で読んでいるのだと思うのです。だからこそ,子どもの心に響くのです。

　ひとつの絵本を紹介して,この章の結びにしたいと思います。私が幼稚園や保育所を訪ねたとき,子どもたちと一緒によく楽しんでいる絵本です。『もこ　もこもこ』という絵本。鮮やかな色彩によって書かれた絵に,「しーん　もこ　もこもこ」などといういくつかの音が書かれています。読む人によって絵の表情も変わってきます。私の読む音の響きに,いろいろな表情で応えてくれた子どもたちがいます。子どもの心には投げかけた人の心がきっと響いているはずだ,と私は信じています。絵本のもつ深い力を大切にしたいと改めて思うのです。

▶15　たにかわしゅんたろう（さく）・もとながさだまさ（え）『もこもこもこ』文研出版，1977年

さらに学びたい人のために

・岩田純一『〈わたし〉の発達』ミネルヴァ書房，2001年
　保育の生活文脈のなかでとらえられた具体的なエピソードを紹介しながら，自己の知覚や自我の芽生え，そして，関係性のなかで培われていく幼児期の〈わたし〉のあり方についてわかりやすく説明しています。

・佐伯　胖（編）『共感』ミネルヴァ書房，2007年
　「共感」を軸に発達について考え，保育の実践場面に潜んでいる共感を紹介しながら，共感を育むことの大切さが語られています。

演 習 問 題

1. もし保育所に行くことができたら、ことばを話す前の子どもの様子を観察し、身体が語ることばの視点から、その子どもの気持ちを考えてみましょう。保育所に行くことができない場合にも、公園や電車のなかで見かける身近な子どもの様子を観察してみましょう。
2. 公園や電車のなか、あるいはコンビニエンスストアなどで見かける身近な子どもの姿を通して、子どものことばに耳を傾け、子どものコミュニケーションについて考えてみましょう。
3. 昔話や自分の好きな物語などから何かひとつのお話しを取り上げ、本を見ずに、そらで子どもに聞かせてあげられるようにしてみましょう。

第4章 領域「言葉」と保育方法

　領域の「言葉」とはどのような領域なのでしょう。
　乳幼児期の「言葉」は，特別な指導をしなくても，極めて自然に発達していくものです。しかし，そこには，保育者の存在が大きくかかわっているのです。
　みなさんのような年齢になっても，楽しく言葉を話せる場面もあれば，緊張して言葉が出てこなくなるときがあるでしょう。たとえば，面接試験のような場を想像してみればわかります。まして，言葉を話し始めたばかりのこの時期の子どもたちにとっては，聞いてくれる相手の雰囲気やその相手との関係はとても大切なのです。保育者は，そのことを理解した上で，子どもの言葉に耳を傾け，心をこめて，ていねいにかかわっていくことが求められます。
　この章では，領域「言葉」の考え方について，そして，子どもの言葉を育てるための保育の方法や計画，環境について，理解を深めていきましょう。

ヒーローになりきってるAくん
（表現の領域）

まねをしているBちゃん
（人間関係の領域）

トォッ

登ったり降りたり…
（健康の領域）

ビルに見たてている
（環境の領域）

おぉっ

バタ…

……

ちょっと～

おしいっ‼

あーっ ここで「大丈夫？」って言葉の領域があれば完璧なのにっ

第1節 領域「言葉」について

 みなさんは，すでに領域について学んだことがあるでしょう。ここでは，その基本としての領域「言葉」について基本的なことをとらえておきましょう。

❶領域の考え方と領域「言葉」

 領域とは，幼稚園や保育所の保育を通して，小学校に入学するまでに「達成されることが望まれるねらいと内容を，発達の側面から5つにまとめたもの」とされています。乳幼児期の発達は，総合的に遂げられていくところに特徴があります。保育におけるねらいや内容は，小学校以上の授業時間のように，「今は言葉の時間，この時間の目標は○○です」というように分けて学ばれるものでもなく，子どもたちからみれば，遊んだり，生活したりするなかで，きわめて自然に発達していくものと考えられています。そして，それを5つのまとまりとしてとらえたものが領域ということになります。したがって，領域の指導も，小学校以上の教科のように分けて行うことはありませんし，そのねらいや内容の達成に向けて，一つひとつ時間の区切りを設けて指導をするということもありません。
 では，具体的には，どのように考えればよいのでしょうか。例をあげて考えてみましょう。

Episode

小さな遊びが広がって……

　幼稚園の5月，まだ入園して1か月の3歳児クラスでのこと。
　保育室のすぐ隣のホールにいたAは，50cmほどの高さの台を見つけるとそこから飛び降りた。保育者はそれを見ると，楽しそうな表情で「Aくん，すごいね」と声をかけながら，「危なくないように，こっちにもってきてやろうか……」と言って，台をホールの中央付近に持ち出して，飛び降りるところにはマットを敷く。広々となった台から，再びAくんが飛び降りると，また，保育者が「いいねえ」と受け止める。Aは嬉しそうに，早足でまた台に登ると，

保育者と目を合わせてから飛び降りる。

　保育者とＡの楽しそうな雰囲気に惹かれて，数人の子どもが台に登ろうとやってきた。Ａも，この場がにぎわってきたことが嬉しそうに，再び列に並ぶ。Ｂが，突然，保育者に「私たち並んでるの」と言うと保育者も「ほんとだあ。ちゃんと並んでるねえ」と驚いたように応える。すると，他の子どもたちも，口々に「並んでるの」と言っては，そのたびに保育者は同じように嬉しそうに驚いて応じる。最後に，保育者が「みーんな，ちゃーんと並んでいるんだね。すごいね」と言うと，子どもたちは，互いに顔を見合わせて少し照れたように笑い合う。

　そのとき，ちょうど台から飛び降りたＣは，保育者に向かってヒーローのイメージでポーズを決める。それを見た保育者が，同じくポーズをつくって応じると，Ｃは，真剣な表情でポーズのままホールを一回りして列に並ぶ。他の子どもそれを見ると，何かのポーズで，飛び降りたりするようになる。

　Ｄは，飛び降りると，ずれかけてきたマットに気づいて元のように直す。保育者が気づいて，「ああ，ありがとうＤちゃん。直してくれるとみんなが危なくないものね」と言う。それまで，保育者がときどき直していたのを，Ｄは見ていて自然にやったことなのだろう。Ｄは，保育者に認められて，嬉しそうにする。その後，Ｄ以外の子どもも気づくとマットを直す。

　これは，遊びのなかのほんの一場面ではあるのですが，見事にさまざまな領域が絡み合っていることを読み取ることができるでしょうか。

　たとえば，「飛び降りるのにちょうどよい高さの台」という「身近な環境に気づいて，それを使って遊ぶ」ことを考えるのは，領域「環境」のねらいとかかわっています。また，その台から飛び降りるという「運動を楽しんでする」ことやマットを敷いて「安全に気をつけて遊ぶ」ことは，領域「健康」のねらいに示されていることです。そして，ヒーローに「なりきって遊ぶ」ことは，領域「表現」のねらいとかかわっていますし，並んで「みんなで楽しく遊ぶ」ことは領域「人間関係」，そして，その喜びを「親しい大人である保育者に伝えたくなって言葉にしている」ことは，領域「言葉」ととらえることができます。

　どうでしょう。このように，5つの領域は，同時に総合的に展開していることがわかるでしょう。また，子どもたちは，5領域のねらいや内容を達成しようと目標をもっているのではなく，楽しく遊ぶなかで育っていくこともわかります。しかし，保育者は，5つの領域を意識しながら，援助を工夫するのです。つまり，保育者は，子どもと一

緒に楽しく遊びながら，笑い合いながらも，常に領域を意識しながら援助を工夫しているのです。

　さらに，このエピソードでは，それぞれのことは，一人ひとりの子どもから始まっていますが，その子ども一人だけの経験にとどまってはいません。保育者のていねいな受け止めによって，一人の子どもの経験は，他の子どもにも広がって，他の子どもにとっても，それぞれの領域の経験となっていくことが読み取れるでしょう。

　このエピソードばかりではなく，保育は，このようにほんの一場面であっても，ていねいに見ていくと，さまざまな領域のねらいや内容が絡み合って展開していることがわかります。子どもにとっては，楽しいからするというごく自然な遊びの一場面であっても，保育者は，そうした遊びのなかにそれぞれの領域のねらいにかかわる経験を読み取って，それが，子どもの育ちとして，深まったり広がったりするような援助をしていくのです。

　このエピソードの場面でも，もしこの場面を見た人がいても，たいていの場合には，保育者はただ一緒に遊んでいるだけのように見えることでしょう。しかし，そこには，一人ひとりの子どもが経験しているそれぞれの領域のねらいにかかわる体験を理解し，受け止め，それが，他の子どもたちにも自然に広がっていくような，とても専門的な援助をしているのです。領域「言葉」についてもこのことをしっかり押さえておくことが必要です。

❷他の領域と領域「言葉」の関係

　次に，領域「言葉」に焦点をあてて，他の領域との関係を考えていきましょう。❶でみたように，領域「言葉」の指導も，他の領域の指導と同様に，決してそれだけを取り出して行えるわけではなく，常に他の領域とかかわっています。

　領域「言葉」の指導においては話す相手との人間関係が基盤になります。まず何よりも，安心して話したくなる存在が必要です。極端にいえば，安心して心を通わせる相手があることによって，伝えたいことが生まれてくるともいえるでしょう。

　保育の場の人間関係には，大きく分けて大人と子どもがいます。まずは，子どもにとっても最も安心できる身近な存在である保育者が，この人なら話しても大丈夫，受け止めてくれるという安心できる存在

にならなければ，言葉は育っていきません。子どもの話に耳を傾け，ともに喜びあえる関係が保育者との間につくられていることが必要です。保育者と一人ひとりの子どもとの関係がモデルとなって，子ども同士の関係が築かれていきます。子どもたちは，保育者との信頼関係が深まっていくと，とてもよくその姿を見たり，その言葉に耳を傾けるようになります。困っている子どもに保育者が，親身になってわけを聞いていると，他の子どもたちもやってきて，保育者と同じようにわけを聞こうとしたり，その子がうまく伝えられずにいる気持ちを想像して，「〇〇ちゃんみたいな棒がほしかったの？」などと，保育者をまねた口調で尋ねたりすることが多いものです。

　このような生活が展開するようになると，クラスの子どもたちのなかに，相手のことに関心をもったり，受け入れたりするような温かい雰囲気ができてきます。温かい人間関係のなかであれば，たとえ話した言葉としては不十分なところがあっても，共感し合えたりわかり合えたりするものです。反対に，ぎすぎすとした人間関係のなかでは，言葉の存在も無力なものになってしまいます。乳幼児期は，人生における「言葉」との出会いの時期でもあります。この人に話したい，聞いてもらいたい，この人の話なら聞いてみたい，聞いていて心地よく，楽しいという，温かい人間関係が身近に存在することが重要です。そして，何よりも「言葉」のもつ，人と人とをつなぐ機能や「言葉」の楽しさ，「言葉」で考える面白さに出会わせてあげたいものです。

　そのためには，遊びが十分に楽しめる生活が保障されていることも大切です。遊びが楽しいと，【Episode】にもあったように，子ども同士が遊びの場に集まるようになります。はじめは，まったく偶然に楽しそうな遊びに集った子どもたちかもしれませんが，次第に，「一緒に遊ぶと楽しい」という気持ちが芽生えてきます。そのなかから，一緒に遊びたい気の合う「友達」が育っていきます。友達とともに一つの遊びを共有しようとする気持ちがあると，何をどうしたいのかをその友達にも伝える必要が生まれ，意欲が湧き上がってきます。乳幼児にとって，言葉で何かを伝えたり，言葉によって理解し合うことは，決して容易なことではありません。その大変さを乗り越えても思いを伝えたくなるような，相手の存在が，言葉の育ちを支えます。みなさんの年齢になっても，友達には，たくさん話したくなるけれども，知らない人とは，何を話していいかわからなくなることはありませんか。こんなことを言ったら冷たい反応が返ってくるかもしれないという不

安があったら，話したくなくなるのではないでしょうか。

　人間関係が育つと言葉も育ち，言葉が育つことによって人間関係も深まります。つまり，領域「言葉」の指導には，特に領域「人間関係」の育ちと非常に深い関係があるのです。

　それでは，他の領域はどうでしょう。実は，他の領域の育ちとも「言葉」の育ちは深い関係があるのです。たとえば，ごっこ遊びや劇的な遊びのなかでは，身体的な表現もたくさん体験しますが，同時にその人になりきって「言葉」を工夫して表現します。おかあさんごっこで，「あらあら，そんなことしちゃ，だめじゃないの」「おとうさんたら，ビールはそのくらいにしといてね」などと言う場面に出会うことは多いものですが，ここからは，子どもなりに母親らしい会話を「言葉」でも表現したいと工夫していることがわかります。また，お話をつくったりする遊びをすることもありますが，そのようなときには，ナレーションの言葉と台詞を使い分けたりして表現します。たとえば，「うさぎのぴょんたは，幼稚園の庭から逃げ出しました。『これから，広い野原にいくぞ！』と言って，大きな通りを走って行きました。でも，そのとき大きなトラックが走ってきて，ぴょんたは，びっくりしました」というように，文章のような言葉を工夫したりします。このような場合にも，身体的な表現が伴うことが多いものです。表現が総合的に豊かになることによって，イメージが膨らみ，言葉の表現も豊かになることが多いのです。

　さらに，言葉は思考の手がかりになります。「ここを三角に切ると，きっと花の形になるはずだから……」とその先に起こることを予測したりします。さらに，雨の日に羽化したアゲハをめぐって，「雨の日に外に放すと，羽がぬれて飛べなくなっちゃうんじゃない？」「でもさ，外に放してやらないと食べるものがなくて死んじゃうよ」「図鑑を見てみない？　何か，食べられるものがわかるかもしれないよ」など，一人ひとりの考えが絡み合って，議論になったという実践報告を聞いたことがあります。これは，領域「言葉」のねらいと内容が「考える力の芽生え」の発達にかかわる領域である「環境」の領域とも深く関係していることを意味しています。また，領域「環境」の内容には，日常生活のなかで簡単な標識や文字に興味をもつということが示されており，文字への興味という点でも，この２つの領域はかかわりをもっています。

　では，「健康」の領域との関係はどうでしょう。特に心の健康にか

かわる場面では、領域「言葉」との関係が大切です。たとえば、「嬉しい」「悲しい」「苦しい」「悔しい」などの心の動きは、それを言葉にすることで、理解されたり、自分のなかでも整理されたりすることが多いのです。それは、心の健康と大きくかかわっています。保育者が、「そうか、それはいやだったね」と共感することによって、実際に起こってしまったことは変わらないにもかかわらず、子どもは気持ちがすっきりして、また前向きに遊び始めることも多いものです。そして、そのような経験を繰り返すなかで、やがて「これが悲しかった」と、自分から親しい人に言葉で気持ちを表現できるようになります。また、自分のなかでも言葉にすることで、気持ちを整理したり立て直したりして、多少のことなら、心の健康を自分で維持していけるようになったりします。

　以上のように考えると、領域「言葉」の指導は、決して、言葉だけに目を向ければよいという問題ではないことがはっきりしてきました。領域「言葉」の指導は、すべての領域を視野に入れながら、それと言葉の育ちがどのようにかかわっているかを、ていねいに考えて、適切な援助を工夫していく必要があるのです。

第2節　領域「言葉」のねらいと保育者の役割

　みなさんは、領域「言葉」のねらいと内容がどのようなものか知っていますか。すでに述べたように、子どもは遊びに夢中になることが大切ですが、保育者は、そこにそれぞれの領域で示されているねらいに向けて子どもが育つ方向を見出して援助しなければなりません。ですから、保育をするためには、ねらいと内容を知って理解しなければできないことなのです。ここでは、幼稚園教育要領と保育所保育指針に示されているねらいと内容を見ていきましょう。さらに、保育者の役割について考えてみましょう。

❶幼稚園教育要領と保育所保育指針

　保育内容に関しては、幼稚園では幼稚園教育要領、保育所では保育

所保育指針に基づくことが定められていることはすでに学習していることでしょう。ちなみに、認定こども園においては、この両者に基づいて保育を行うことになっています。また、2008年の改定から、保育所保育指針も厚生労働大臣の告示事項となり、それまでも文部科学大臣の告示事項であった幼稚園教育要領と同等の位置づけをもったものとなりました。そのため、2008年からは、幼稚園と保育所の保育内容がいっそう整合性をもったものになりました。ここでいう整合性としては、大きく2つあり、1つは、大きな枠組みの整合性であり、もう1つは、具体的なねらいと内容の整合性です。ここでは、この2つについて説明しておきましょう。

①**枠組みの整合性**

まずは、保育所の保育内容の大きな枠組みが整理されたことです。これまでは、具体的に、どれが養護のねらいと内容で、どれが教育のねらいと内容なのかは、明確にされてはいませんでした。あくまでも、保育所の保育は養護と教育が分かちがたく、一体的に行われることに特徴があるとしていたからです。しかし、今回、ねらいと内容が養護と教育に明確に分けられました。養護のねらいと内容は「生命の保持及び情緒の安定を図るために保育士等が行う」ものと、教育のねらいと内容は「子どもが健やかに成長し、その活動がより豊かに展開されるための発達の援助」というように明確に示されました。特に教育のねらいと内容については、幼稚園教育要領に示された5領域のねらいと内容と同じものとしており、幼稚園教育との整合性がよりいっそうはっきりしたものになりました。

しかし、これは、保育所において養護と教育が分離して行われるのではなく、一体化されて行われることに変わりがありません。その上で、保育者が理解したり、援助をするための視点として、2つに分けたという点は確認しておく必要があるでしょう。あわせて、幼稚園にも、養護的な配慮（幼稚園は学校教育なので養護という言葉は使っていませんが）は必要です。改めて幼稚園教育要領の幼稚園教育の基本などで確認しておきましょう。

これらのことをまとめると、表4-1のようになります。

ところで、2008年告示の保育所保育指針において、「保育所における教育のねらいと内容」が明確化された背景には、2006年に教育基本法が改正され、第11条に「幼児教育の振興」が取り上げられたことがあります。これにより、日本の国民が幼児教育を受けるようにする法

表4-1 ねらいと内容の示され方

	幼稚園	保育所
養護	[養護のねらい] 幼稚園は教育の場とされているため[養護のねらい]はない(ただし,内容的には,共通することが「幼稚園教育の基本」その他に示されている)	[養護のねらい] 子どもの生命の保持及び情緒の安定を図るために保育士等が行う援助や関わり
教育	[(教育の) ねらい] ねらいは,幼稚園修了までに育つことが期待される生きる力の基礎となる心情,意欲,態度。 [領域とは] 発達の側面から,5領域に分けてある。心身の健康に関する領域「健康」,人とのかかわりに関する領域「人間関係」,身近な環境とのかかわりに関する領域「環境」,言葉の獲得に関する領域「言葉」,及び感性と表現に関する領域「表現」。	[教育のねらい] 子どもが健やかに成長し,その活動がより豊かに展開されるための発達の援助。 生きる力の基礎となる心情,意欲,態度を身につけていくこと。 [領域とは] 「健康」,「人間関係」,「環境」,「言葉」,及び「表現」の5領域から構成される。

的根拠が明確化されました。つまり,保育所に入所している子どもも,幼稚園に在籍している子どもと同様に,幼児教育を受けているということを明確化することが必要になったのです。さらに,同じく2006年には認定こども園が制度化され,ここでは,幼稚園教育要領と保育所保育指針の両方に基づくと定められたことも大きく影響しています。また,認定こども園に限らず,近年は,幼稚園と保育所の一体化の動きが急であることも,その背景といえるでしょう。

　大きな枠組みの変化は,まだあります。これまでは,幼稚園教育要領では,ねらいと内容をあえて年齢別に示さず,そこに示されているねらいと内容は,幼稚園修了までに育つことが期待される心情,意欲,態度を5つの領域にまとめたものとして示してきました。しかし,保育所では年齢の幅が0歳から6歳と広いこともあり,2008年以前は,年齢区分ごとに,ねらいと内容を示していました。それが,今回,幼稚園も保育所もともに,修了までに育つことが期待される心情,意欲,態度ということで,年齢別には示さない形になったことも大きな変化といえるでしょう。

　領域「言葉」についても,例外ではなく,保育所においては,言葉を話せない0歳から小学校就学前までの長い期間を,幼稚園では,3歳児から小学校就学前までという,両者における保育の全期間を通してのねらいと内容としてまとめて示してあります。この点についてはぜひ各自で確認してみてください。

②ねらいと内容の整合性

　さて，いよいよ具体的なねらいと内容の整合性についてです。ここではすべての領域について取り上げることはできませんので，領域「言葉」について見ていきましょう。

　表4-2で，幼稚園教育要領と保育所保育指針にある領域「言葉」のねらいと内容を比較して，どのようなことに気がつきましたか。幼稚園と保育所では，ねらいも内容もほぼ同じでしたね。違いは，保育所保育指針の内容の①と②が幼稚園教育要領にはないということでした。そのほかは，「先生」と「保育士等」などそれぞれの呼称の使い方が違う程度です。そのなかで，大きく違うのは，この保育所保育指針にのみある①と②の内容ですが，保育所保育指針の解説を読むと，基本的には3歳未満の子どもたちをイメージしているものと考えることができます。

　2008年以前については，保育所保育指針では，年齢区分別にねらいと内容があったので，よく読まないと，幼稚園教育要領とほぼ同じ内容であることが理解できませんでしたが，今回の改定では，ねらいと内容は年齢区分では分けずに示されましたので，共通であることがよりいっそうはっきりした形になりました。

❷領域「言葉」の特徴と保育者の役割

　次に，表4-2の領域「言葉」のねらいや内容から，領域「言葉」の特徴を考えてみましょう。

　第一に，自分なりの言葉を大切にするということです。表4-2の最初にも，「自分なりの言葉で表現し」とありましたが，乳幼児期の子どもは，言葉を獲得する途上にあります。たとえば，0歳児の場合には，まだ一般的な意味の言葉は話しません。でも，泣くことや表情，指差しなどを通して，さまざまなことを表していたり，意図的に表現したり，大人に伝えようとしています。そうした言葉にならない言葉を，大人は理解したり，受け止めたり，「そう，おなかがすいたのね」などと言葉にして返したり，時には，他の大人や子どもに対して通訳するようなことが大切です。そのことによって，子どもは，自分なりの言葉（表現）を理解してもらう喜びやコミュニケーションの意味を体験していくことができるからです。また，自分なりの言葉と大人が使う言葉がつながっていく体験を得ることができるからです。

表4-2 領域「言葉」のねらいと内容

	幼稚園教育要領	保育所保育指針
(この領域のポイント)	経験したことや考えたことなどを自分なりの言葉で表現し，相手の話す言葉を聞こうとする意欲や態度を育て，言葉に対する感覚や言葉で表現する力を養う。	経験したことや考えたことなどを自分なりの言葉で表現し，相手の話す言葉を聞こうとする意欲や態度を育て，言葉に対する感覚や言葉で表現する力を養う。
ねらい	(1)自分の気持ちを言葉で表現する楽しさを味わう。 (2)人の言葉や話などをよく聞き，自分の経験したことや考えたことを話し，伝え合う喜びを味わう。 (3)日常生活に必要な言葉が分かるようになるとともに，絵本や物語などに親しみ，先生や友達と心を通わせる。	①自分の気持ちを言葉で表現する楽しさを味わう。 ②人の言葉や話などをよく聞き，自分の経験したことや考えたことを話し，伝え合う喜びを味わう。 ③日常生活に必要な言葉が分かるようになるとともに，絵本や物語などに親しみ，保育士等や友達と心を通わせる。
内容	(1)先生や友達の言葉や話に興味や関心をもち，親しみをもって聞いたり，話したりする。 (2)したり，見たり，聞いたり，感じたり，考えたりなどしたことを自分なりに言葉で表現する。 (3)したいこと，してほしいことを言葉で表現したり，分からないことを尋ねたりする。 (4)人の話を注意して聞き，相手に分かるように話す。 (5)生活の中で必要な言葉が分かり，使う。 (6)親しみをもって日常のあいさつをする。 (7)生活の中で言葉の楽しさや美しさに気付く。 (8)いろいろな体験を通じてイメージや言葉を豊かにする。 (9)絵本や物語などに親しみ，興味をもって聞き，想像をする楽しさを味わう。 (10)日常生活の中で，文字などで伝える楽しさを味わう。	①保育士等の応答的な関わりや話しかけにより，自ら言葉を使おうとする。 ②保育士等と一緒にごっこ遊びなどをする中で，言葉のやり取りを楽しむ。 ③保育士等や友達の言葉や話に興味や関心を持ち親しみを持って聞いたり，話したりする。 ④したこと，見たこと，聞いたこと，味わったこと，感じたこと，考えたことを自分なりに言葉で表現する。 ⑤したいこと，してほしいことを言葉で表現したり，分からないことを尋ねたりする。 ⑥人の話を注意して聞き，相手に分かるように話す。 ⑦生活の中で必要な言葉が分かり，使う。 ⑧親しみを持って日常のあいさつをする。 ⑨生活の中で言葉の楽しさや美しさに気付く。 ⑩いろいろな体験を通じてイメージや言葉を豊かにする。 ⑪絵本や物語などに親しみ，興味を持って聞き，想像する楽しさを味わう。 ⑫日常生活の中で，文字などで伝える楽しさを味わう。
内容の取扱い	(1)から(4)まであるが，ここでは省略する。	なし

　4，5歳児になると，日常の会話には不自由しないほどに言葉は発達し，いろいろなことも話せるようになります。けれども，言葉が育つだけではなく，考えも深まり，話したい内容が複雑になるので，意外にも言葉で表現することができない場面も出てきます。たとえば，自分の誤解からけんかをしてしまったことに気づいても，「さっき怒ってしまったのは，わざとやった，と思ったからなんだ。でも，よく考えてみると，誤解だったことに気づいたから謝りたいんだ。でも，けんかのときにぶたれたことは，とても痛くて嫌だった。今もとても

写真4-1 トラブルがおこった。先生に聞いてもらうことで、互いの気持ちに気づいていく

痛いから、なんだかとても謝りたくない気持ちになっちゃったんだ……」など、思ってはいたとしても、それほど複雑な経緯や気持ちを言葉にできることはまれです。まして、興奮している最中であったり、自分にとって切実な問題であるほど、うまく言葉にはなりにくいものです。保育者には、子どもの思いを理解し、「そうか……痛くて嫌だったんだね」とか、「もしかして、間違えて怒っちゃったのかしら……」など、子どもが気持ちを整理したり、言葉にしたりすることを励ますようなかかわりが求められます。また、話すのに緊張するような場面でも、勇気をもってどうしても伝えたいという気持ちが育ってきたりもします。

　第二に、「ねらい」を見ると、言葉の世界が広がり豊かになっていく方向が見えてきます。「伝え合う喜び」が味わえるためには、相手に理解してもらえるように、表現の仕方を工夫しなければなりません。また、「日常生活に必要な言葉が分かる」ことも必要になります。では、このような育ちはどのように保障されていくのでしょう。それは、一般的に考えられるような単純な意味で、「言葉を教える」ことによって育つのではありません。乳幼児期の育ちは、非常に基本的なものなので、子どもにとってそのように言葉を工夫することが必要だと感じる場面における、実際の体験のなかで育つことが重要なのです。つまり、「伝え合う」ための工夫は、そのやり方を教えることだけでは不十分なのです。子どもにとってどうしても実現したい遊びがあって、その遊びを一緒にしたい相手がいる、でも、相手にも考えがあり、自分の考えとは違う。そんな時にこそ、本当に伝え合いたいという気持ちが生まれ、その気持ちに支えられて、工夫が生まれます。また、こ

のような場面でこそ，保育者の援助が子どもにとって意味をもって受け入れられるのです。「日常生活に必要な言葉が分かる」についても同じでしょう。

　ある学生が現場で，次のような場面に出会ったそうです。3歳児のEがFにぶつかってしまったそうです。Eは，すかさず「ごめんね」とFに言い，Fが，痛さで戸惑っていると，いきなり，「F君が，『いいよ』って言ってくれない」と怒って泣き出してしまったそうです。この園では，「ごめんね」「いいよ」を必ず言うという指導が徹底されていましたので，「いいよ」と言ってもらえないこの場面に，どのように対応したらよいかわからなくなったのではないかと報告してくれたのでした。

　その後，この学生は，別の園の3歳児の同じような場面に出会ったそうです。Gがままごとのお盆にプラスチックの空のカップを乗せてゆっくり歩いているところに，うっかりHがぶつかってしまい，Gのお盆のカップがすべて倒れてしまったのだそうです。Gがショックで立ちすくんでいると，しばらく困っていたHでしたが，黙って，Gのもっているお盆の上で倒れているカップをすべて直し，そのひとつを口に運ぶといかにもおいしそうに飲む真似をしたのだそうです。その後，Hがカップを戻すと何事もなかったかのように，Gはまたお盆をもってゆっくりと歩き，Hもまた，自分が行きたかった方に戻って行ってしまったのだそうです。

　前の例では，3歳児が「ごめんね」を見事に言えています。後のGとHのカップの例では，「ごめんね」という言葉は言っていません。でも，「ごめんなさい」という言葉を相手に言うということの本当の意味を体験しているのは，後の例の方ではないでしょうか。

　もちろん，保育者は「ごめんなさい」という言葉を教えてはいけないわけではありません。しかし，言葉の指導の難しさは，子どもにとって本物の意味をもった言葉を，本当に必要な場面で，その時の精一杯の工夫をし，心をこめて使うことなのです。その場合，言葉で表現するよりももっと相手の心に届く方法があれば，きまった言葉で済ませるよりもよい場合があるのです。このように，保育者は，言葉というものを深くとらえて指導することが求められます。

　第三に，絵本や物語など，言葉の文化を味わうことです。それも，保育者や友達と共感し味わいを共有することです。言葉は，文化と深く結びついています。言葉によって人は「今ここにないもの」をイメ

ージすることができます。昔のこと，別の世界のこと，未来のことをイメージできるのも言葉の働きです。また，言葉によって世界の「見え方」を変えることもできます。絵本や物語の世界に触れ，その世界を友達と共有できる喜びは，人が言葉をもって生きる喜びということができるでしょう。

さらに，絵本や物語には，言葉そのもののもつリズムや響きの楽しさがあふれています。たとえば，絵本『おおきなかぶ』を読むと，子どもたちは「うんとこしょ　どっこいしょ」という言葉のリズムに魅力を感じ，多くの場合，読み手の声に合わせて唱和し始めます。桃太郎のお話でも「どんぶらこ」あるいは「とんぶりとんぶり」と流れる桃の流れるリズムに心を弾ませます。「桃が流れていきました」というだけで物語としては十分であるにもかかわらず，この言葉はこの物語には必要不可欠な魅力となっているのです。

また，子どもたちは，このように楽しい絵本や物語に出会うと，自分たちでその世界を表現してみたくなり，一緒にその世界を味わった友達同士で劇遊びへと発展していくこともあります。たとえば，『三びきのやぎのがらがらどん』の絵本を読んでもらった子どもたちは，部屋に一本橋を用意しておくだけで，時にはそれに加えてちょっとしたお面があれば，いつのまにか，やぎとトロルのやりとりの世界を遊び始めてしまうという具合です。

このように考えると，子どもの心の動きをとらえ，その思いが実現できるように配慮したり，その時期にふさわしい絵本や物語を選んで読み聞かせたりしていくことが，言葉の育ちのために大切だということがわかります。

❸小学校における学びの基盤として

2008年の幼稚園教育要領および保育所保育指針では，小学校の学びへの連続性が強調されました。けれども，他の領域と同じように，領域「言葉」が小学校の教科，特に「国語科」との直接的な連続性があるわけではありません。むしろ領域「言葉」は，小学校の学習の全般にわたる基盤となると考えられます。小学校では，どの学習においても，言葉に耳を傾け，言葉で表現し，言葉で考え，言葉で対話し議論することが不可欠です。小学校というと，先生の言うことを聞いて，先生の教えてくれたことを学び，それがわかっているかをテストする

➡1　ロシア民話，A.トルストイ（再話），内田莉莎子（訳），佐藤忠良（画）『おおきなかぶ』福音館書店，1962年

➡2　マーシャ・ブラウン，瀬田貞二（訳）『三びきのやぎのがらがらどん』福音館書店，1965年

場と考えられるかもしれませんが，そうではありません。本来，小学校は，友達と十分に考えを出し合うことによって，知を磨き合いながら，学習を深めていく場なのです。教師は学習の課題を提示し，知を磨く営みを見つめ，適切に指導していく役割をとることが求められているのであって，学ぶ主体は子ども一人ひとりでなければなりません。

　そのようにとらえると，乳幼児期の領域「言葉」の育ちは，小学校における学びの基盤として非常に大切なものということができるでしょう。幼児期までは遊びのなかに課題が生まれてきます。言葉で考えることも，話し合うことも遊びや生活に密着した課題です。それに対して，小学校以上は，決まった学習課題に取り組まなくてはならないという違いはあります。一般に，遊びと学習というと，相反するもののように思われがちです。しかし，子どもがそこに自分にとって意味のある課題を見出すとしたら，遊びであっても，学習課題であっても本質的な違いはありません。そして，その課題の解決に向けて友達と一緒に，言葉で考え，その考えを言葉で伝え合い，理解したり納得したりしていく過程を，子どもにとっての学びのプロセスととらえれば，遊びのなかで育った力は，小学校以上の学習を支える大きな力となっていくのです。

　保育者は，このことを理解して子どもへの援助を考えていかなくてはなりません。言葉というと，どうしても，挨拶などができるか，言葉ですらすらと話せるか，聞く態度がよいか，など表面的なことに目がいきがちです。場合によっては，このような形だけを強制してしまいがちです。みんなで静かに聞くことの心地よさ，みんなで聞いて考えることの楽しさ，自由に話し合うことの面白さなど，子どもの内面をとらえた保育が，小学校教育の基盤としても求められているのです。

第3節　環境構成と領域「言葉」

❶環境構成とはどのようなことか

　乳幼児の保育は，環境を通して行われることが基本です。この時期

の子どもは人の一生において最も好奇心が旺盛になります。ですから，誰かに指示されなくても，場合によっては止められたとしても，子どもはいつも身近な環境に興味をもって，自分なりのやり方でかかわってみようとします。

　幼稚園や保育所に行くとそこにはさまざまな環境が用意されていることに気づきます。たとえば，畑があったり，ウサギなどの小動物を飼っていたり，室内には，ままごとに使える遊具のキッチンや食器，エプロンやスカートがあるかもしれません。ブロックや積木なども置いてあるでしょう。そうした環境があることで，子どもが楽しく園生活を送れるというだけではなく，そうした環境とかかわることによって，子どもは多様な体験をし，その体験を通して発達していくのです。

　もちろん言葉の発達も促されていきます。畑に行くことや小動物とのかかわりは，きっと子どもにとって感動する出会いがあることでしょう。思いがけず虫をつかまえたり，ウサギに草を差し出すと，おいしそうに食べたりという出来事がごく自然に起こることでしょう。そうした出来事は，子どもにとっては，新鮮で，うれしい驚きをもったものになることも多いものです。時には，とまどいや恐れを伴う体験になるかもしれません。いずれにしても，心が動く体験は，親しい人にその体験を伝えたい，思いを共有したいという思いを生じさせます。積木やままごとの遊具で遊ぶためには，どのようなものをつくりたいのかなど，一緒に遊ぶために自分の考えを伝えたりしますし，遊びが展開し始めれば，役になりきった表現としての言葉が自然にかわされていきます。これは，保育者が言葉で指示してできることではなく，環境に誘われて思わず遊びたくなることで自然にできることなのです。このような教育の方法を環境による保育をいいます。そして，子どもの豊かな生活や遊びを生み出す環境を保育者が用意することを環境構成といいます。

❷言葉の豊かな育ちを支える環境

　では，言葉の豊かさを育てる環境とはどのようなものでしょう。
　すでに述べたように，多くは言葉の発達だけに特別なものというわけではありません。ままごとの遊具やエプロン，スカートがあることで，役になりきった言葉の表現が生まれたり，自分がどの役になりたいかを主張したりするでしょう。積木やブロックといった遊具があれ

ば，子ども同士で，自分が何をつくったかを言い合ったり，一緒につくろうとすれば，「ここは大きくしよう」といった見通しを言葉で伝えたりします。未来をイメージして伝えることは，言葉を使わないと大変難しいものなのです。

　小動物を飼ったり，植物を育てたりすると，さまざまな発見があり，「なぜかな？」「どうしてだろう？」という考えが生まれます。ここでも，言葉が大変重要な役割を果たします。ルールのある遊びでは，「ずるい！」「だって」など，ルールをめぐる議論が起こったり，時には作戦を考えたりすることもあります。これもまた言葉を必要とする場面でしょう。

　遊びの場面ばかりではありません。たとえば，七夕やひな祭りなどの行事をしたり，行事食を食べたりすることは，伝統行事を知ったり味わったりすることに，保育者のねらいが集約してしまいがちですが，実は，ハレの日のわくわくした気持ちは，表現したい気持ちや伝えたい気持ちを豊かに生むものです。また，子どもが栽培したジャガイモなどを使って，カレーパーティーなどをすると，「招待状を書こう」「メニューを書こう」など文字に触れたり，年下の子どもを案内したり，説明をするなどが必要になります。これもまた，言葉の体験を豊かにする環境といえるでしょう。

　ある日，どういうわけか急に機嫌が悪くなってしまった２歳児のＩに，そのわけをいろいろとたずねてみましたが，わけも言わず機嫌もなおりませんでした。そこで困った保育者は，リズミカルに歌うように，「あれあれー，なんだかお顔が曇ってますね。とんとんとん，にこにこさんはどこにいっちゃったかなあ」と言いながら，ほっぺをつんつんと指で触りました。すると，Ｉの表情がふっとゆるみました。それを見ていた同じ２歳児のＪが，保育者と同じ言葉とリズムで言いながら，ほっぺをつんつんと触りました。すると，Ｉが思わずにこっとしました。それを見ていた他の子どもも同じようにやさしくつんつんしました。

　その繰り返しが面白くなってきたのか，今度は，つい先程まで機嫌が悪かったはずの本人が，保育者のほっぺを，同じように言葉を言いながらつんつんとして笑いました。保育者は「あらあら，みんなにこにこさんになっちゃったねえ。とんとん，にこにこさん，ここですよ，ここですよ」と，また，ほっぺをつんつん……。いつの間にか，みんなでリズミカルな言葉遊びのようになっていきました。こんなふうに，

→3　ハレとケ
　ふだんの生活を示す「ケ」に対し，年中行事や冠婚葬祭などが行われる改まった場合を「ハレ」と言います。晴着（ハレ着）はハレの日に着る特別の服のこと。

＊就学前の時期に年長組の子どもたちがつくったカルタ。文字は保育者が書いてあげることもあるし，子どもが自分で書くこともある。自分で書くと誤りもあるが，幼児期には書こうとする意欲を大切にして，あまり直させたりはしない。

写真4-2　手づくりのカルタ＊

やわらかい人間関係が生まれるような雰囲気を，保育者がつくり出していくことも，大切な言葉の環境になるのです。

　最後に，誰もが言葉をイメージする環境構成についても考えておきましょう。たとえば，絵本や童話，紙芝居を保育者が読み聞かせることです。そして，絵本などは，絵本のコーナーや絵本の部屋などの環境を用意することで，子どもがいつでも手にとって見られるようにしておくことも必要です。また，5歳児の保育室などには，五十音表などを貼って置いたり，季節によっては，カルタなどを置いておくことも大切です。その他には，遊具の置き場所などの表示や子どもの名前を絵などとともに，文字で表示しておくことなども大切な環境構成ということができます。

第4節　指導計画と領域「言葉」

　豊かな言葉を育てる環境について考えてきたみなさんであれば，そのような環境は，急につくられるわけではないということに気づかれたのではないでしょうか。もちろん，子どもの姿を見て臨機応変に対応することはとても大切なことですし，ベテランの保育者は実際そのような対応ができることが多いのです。それを見ると，みなさんは，経験を積めばそのような対応ができるのかと思うかもしれません。もちろん，経験によってできる部分もあります。けれども，それは保育の計画に支えられてできていることもとても多いのです。

言葉の育ちやそのための環境構成や援助についても，計画に支えられているのです。指導計画と領域「言葉」について考えてみましょう。

❶言葉を育てる保育のデザイン

保育の計画には，最も大きな計画である教育課程（幼稚園）と保育課程（保育所）があります。これは，ひとつの園にひとつしかないその園の憲法のようなものです。ここでは，園で育つ子どもたちみんなの目標があり，入園してから修了までの子どもたちの育ちの見通しが大まかに示されています。

教育課程，保育課程のもとに，それをより具体的，実践的にした，指導計画が立てられます。指導計画には，年間指導計画や月案などの長期の計画と週案や日案といった短期の計画があります。もちろん，言葉の育ちについても，これらの計画のなかに位置づけられていますので，その時期の子どもに合った環境を準備することができたり，その時期の子どもに合った援助が可能になるのです。

指導計画というと，保育者の計画通りに子どもに活動させなければならないように感じるかもしれません。しかし，保育における計画は，子どもの育ちの方向性を確かなものにしたり，どのような環境が子どもの生活や遊びを豊かなものにするかを考えるために立案されます。ですから，常に子どもの今の姿を大切にして，計画はその姿に合わせて修正されながら実践されていきます。そのことを考えると，指導計画は，子どもの育ちを支える保育のデザインと考えることができるでしょう。

❷言葉の育ちを確かめる長期の指導計画

言葉の育ちは，毎日の保育のなかから生まれます。しかし，短期の計画である週や日の単位で振り返ってみても子どもの言葉が急に変わることはありません。もちろん，1歳児が初めて「マンマ」などの言葉を発したというような記念すべき日ということはあるかもしれません。でも，たとえば，「自分の思いを友達に言葉で伝えられるようになる」というようなことは，その育ちも状況によって相手によってできるときとできなくなってしまうときがでてきて当然ですので，少し長い期間でとらえていくことが必要になります。そもそも発達という

ものは、少し長い目で見てとらえていくべきものなのです。ですから、長期の指導計画に、その園の子どもたちの言葉の育ちの大まかな見通しが示されていることは、実践を振り返って子どもたちの言葉の育ちを確かめるために役立ちます。

　この時期の子どもの言葉の発達にとって何が大切なのか、たとえば、言葉で言わせることが大切なのか、あるいは、表情や体全体の表現でコミュニケーションをすることを大事にしたらよいのかを見極め、また、その先の発達の方向性を見通すためにも、長期の指導計画が重要です。さらに、その時期の子どもたちに基本的にどのような環境を用意したらよいのかということのためにも、長期の計画が必要です。

❸言葉を育てる援助を確かなものにする短期の指導計画

　短期の計画は、一人ひとりの子どもの姿をしっかりととらえ、その子どもの思いに沿った援助を確かなものにするために立案します。少し長い期間を見通して子どもの言葉の育ちをとらえていくことは、短期の計画においても、援助の方向性を押さえておくために不可欠です。

　たとえば、幼稚園に入園したばかりの3歳児の朝の「おはよう」の挨拶を考えてみましょう。最初から、きちんと言葉で挨拶ができる子どももいますが、母親と離れるのがつらくて、泣いて挨拶どころではない子どももいます。言葉の育ちという点からみると、一見きちんと挨拶できる子どものほうが発達が進んでいるように思うかもしれません。しかし、どちらの子どもも、保育者に心を寄せて、朝の出会いの嬉しさやこれから始まる一日への期待が膨らむような挨拶ではないという点では、その内実は、案外同じかもしれません。保育者は、幼稚園に親しみを感じ、幼稚園での生活に一人ひとりが喜びを見つけ出し、保育者への信頼や親しみを確かなものにする援助をするでしょう。このようにその時期にふさわしい大きな方向性が、長期の計画として示されていることによって、短期の計画を具体的に考えることができるようになります。たとえば、きちんと挨拶をする子どものために、その子の好きな遊びを探り、その遊びが楽しくなるように援助するかもしれません。泣いている子どもは、母親のもとに帰りたいと「泣く」という言葉にならない言葉で自己主張をしているわけですから、その気持ちを受け止めながら、保育者が園では母親と同じ安心をもたらす

存在であることを理解してもらえるように，抱っこをしたり，一緒に飼育しているウサギを見に行ったりするかもしれません。そしてそれは，前日の保育のなかで，ずっと泣いていた子どもの目線が，ウサギの方に行き，その時だけは泣きやんでいたという事実があったからかもしれません。このように，前日の事実などを踏まえ，一人ひとりを理解して立案していくのが短期の計画になるのです。

　これは，長期の指導計画でデザインされた環境構成や援助の方向性をきちんと見通すことによって，明日の，あるいは翌週の，一人ひとりの気持ちにあった援助を具体的にイメージして工夫する営みです。これが，短期の計画になります。いくら長期の指導計画において育ちの方向性をもったとしても，日々の子どもへの理解とそれに応じた援助が適切行われることなしには，子どもの育ちは確かなものにはならないのです。

第5節 保育の評価と領域「言葉」

❶保育の評価とは

　保育の評価には，大きく分けて，第三者評価と自己評価があります。第三者評価は，その園の保育の実践に直接かかわっていない第三者が客観的に評価をするものです。それに対し，園の保育実践にかかわる当事者が自分たちの保育を振り返って評価をするのが自己評価です。第三者評価は，園の保育を開き，自分たちだけでは気づくことが難しい点を改善する役割をもっています。それに対して，自己評価はともすると客観性に欠けるように思うかもしれません。けれども，自己評価が，保育の評価の中核になければなりません。なぜなら，保育は，一人ひとり個性的な子どもたちを中心に行われる営みであるので，日々子どもとともにあって，その時々の子どもの気持ちを最も理解できる立場にあるのは，何と言っても保育の当事者である保育者だからです。そこで，第三者評価については，また別に学ぶことにして，ここでは，自己評価についてもう少し見ていきましょう。

ところで，自己評価はどのように行うのでしょうか。その手掛かりは，指導計画なのです。指導計画で考えたことが子どもの育ちを支えるものになっていたか，もしなっていない点があったとしたら，それはどこに問題があったのかを考えるのです。実践にあたっては，臨機応変に子どもの気持ちに沿って計画を修正できただろうか，そして，結果としてそれでよかったのだろうかなど，修正をした場合でももともと立案していた指導計画は，評価の観点として重要な役割を果たします。

　また，自己評価には，子どもの育ちを評価する視点と保育者の保育のあり方を評価する視点の2つが存在します。子どもを評価するなかでは，子どもが確かに育っていっているか，今の子どもの姿は，その育ちの見通しのなかでどのように評価できるのかなどを検討していくことになります。しかし，これは，保育者の保育の評価と切り離して考えることはできません。保育者の援助がその子どもにとって適切なものであれば，子どもは育っていきますし，反対に保育者の援助が不適切であれば，子どもの育ちは保障されません。子どもの評価といっても，テストの勉強の結果のように，子どもだけを評価すればよいわけではなく，保育者の保育の評価と表裏一体の関係にあるのが，保育の自己評価の難しいところでもありますし，やりがいのあるところでもあるのです。

❷保育の評価と言葉の育ち

　では，具体的に言葉の育ちについては，どのような点に留意して評価をしていけばよいのでしょうか。他の領域の育ちについても同じですが，どの子どもにも共通するような基本的な発達の見通しをもつことは必要ですが，それだけで単純に評価をしないことが大切です。子どもが言葉ですらすらと何でも話せることだけがよいとは限らないことは，すでに述べてきました。たとえば「ごめんね」と言う子どもと，「ごめんね」とは言わないけれども，相手の気持ちに応えたい気持ちを表現した子どものことを思いだしてみましょう。あるいは，入園当初からきちんと挨拶ができる子どもと，泣くことしかできない子どもの例を考えてみましょう。泣くことで自分の本当の思いを表現できるという視点や，きちんと挨拶をしなければならないということで，かえって自分と相手の気持ちと気持ちがつながるというコミュニケーシ

ョンの本質から遠くなってしまっているのではないだろうか，などと評価の視点そのものを吟味する視点，こうした幅広い視点からの子どもへの評価がなければ，その子どもにとって本当に意味のある方法を工夫することはできません。

　これは，保育者の援助についても同じです。けんかの場面などを，テキパキと収めてしまう保育は，混乱もなく一見とてもよい保育として評価されてしまいそうです。しかし，子どもにとってけんかは，自己主張と自己主張がぶつかる場でもあります。そのなかで，対話を重ねることによって，難しいと感じられた課題でもお互いが納得のいく解決ができるという体験につながるよい機会になることも多いものです。保育の予定がスムーズに進むことと，子どもにとって育ちの機会を保障することは違います。ともすると前者の方が評価されやすいのですが，保育で大切なことは，後者すなわち子どもの育ち，であることは議論の余地はありません。だからといって，いつもいつもけんかの対応に追われてしまうとしたら，その生活は子どもにとって楽しいものにはならないでしょう。

　領域「言葉」についての評価は，このように人間にとっての言葉の意味を考えながら，今その子どもにとっての言葉のもつ意味を考えるための多様な視点をもっていねいに行うことが求められるのです。

第6節　保育の方法を実践に生かす

　この章では領域「言葉」と保育方法というテーマにそって，①領域という考え方から，領域「言葉」のねらいや内容と保育者の役割について，②環境を構成することとその意味について，そして③指導計画を立てることの意味について，最後に④評価についてというように，できるだけ具体的なイメージが湧くように述べてきました。

　この教科書では，この後の章で，さまざまな例をあげながら実際にはどのような方法がとられ，子どもはどのように言葉の世界を広げていくのかが述べられていきます。また，配慮しなければならないことも，たくさん知ることになるでしょう。しかし，それらの事例は，決してその時その時に偶然にうまく展開したわけではなく，どの事例も，

この章で述べてきた大きな枠組みのなかにある事例であることを踏まえて学んでいってください。さらに、実習などでは、実際に保育の場面に立ってさまざまな方法を目にしたり、自分でもかかわることもあるでしょう。この章の学習をもとに、そうした場合でも、決してその一場面だけが保育の方法ではなく、こうした大きな枠組みのなかに置かれている一場面であることを、きちんと理解していきたいものです。

さらに学びたい人のために

- 今井和子『子どもとことばの世界』ミネルヴァ書房，1996年
  子どもたちの言葉をどのように見て，どのように寄り添っていくかが，いきいきと描かれている本です。手に取ると楽しく読めてしまうのに，子どもの言葉について深い理解ができるようになると思います。
- 久富陽子・梅田優子『保育方法の実践的理解』萌文書林，2008年
  保育方法というと何か魔法のような上手なやり方があるように思うかもしれませんが，そうではありません。子どもの生活に付き合いながら，工夫していくプロセスです。そのことが実践に即して詳しく書かれている本です。
- 戸田雅美『保育をデザインする』フレーベル館，2004年
  保育の計画を，子どもたちのための保育のデザインとしてとらえることについて書かれた本です。計画というと何かさせなければならないと考えてしまうという人に，保育の計画の楽しさを知ってもらえる本です。

演 習 問 題

1. 幼稚園や保育所の環境を思い出し，その環境が言葉とかかわるとしたらどのような場合が考えられるかを話し合ってみましょう。
    例1．保育室のなかに絵本が見られるコーナーがあった。ここに来れば保育者に読みきかせてもらった物語を思い出しながら，絵本を見ることができると思う。
    例2．遠足に行った時の写真が貼ってあった。これを見ると，子どもたちが遠足に行った時の楽しかったことを言葉にして，保育者や先生に伝えたくなると思う。
2. 領域「言葉」のねらいと内容について，幼稚園教育要領の解説と保育所保育指針の解説を読み比べてみましょう。子どもの姿をイメージしながら，大切なポイントは何かを話し合ってみましょう。

第5章

領域「言葉」と保育の実際

　思いは言葉の形をとってあらわれます。言葉によって，多くのことが伝わります。言葉は，とても大切なものです。
　でも，言葉だけで思いが伝わるわけではありません。
　元気な笑顔で言う「おはよう！」と，うつむきながら小さい声で言う「おはよう」，同じ「おはよう」の言葉でも伝わることは大きく違ってきます。言葉では「いいよ」と言っていても怒った顔のままだったら，許してはいないよというメッセージが伝わってきます。
　ケンカのあと，どうしても仲直りできない2人がそのままずっと立ちつくしている姿からは，「もう少し待ってて！」という声が聞こえてくるように思います。
　言葉は，体とともにあるのです。そして，体は心から出発していると思います。心が動き，体が動き，そしてゆっくり言葉が生まれます。
　心・体・言葉の関係と，豊かな言葉をゆっくりしっかり育む環境と援助のあり方について考えていきましょう。

あーあ
せっかく子どもが
話しかけている
のに…
また携帯電話
…
……
ママーッ
ママッてばー
ピッピッ
ピッ

やっぱりここは
ひとつガツンと…
あーだ
こーだ
どうしたら
わかってもらえる
のかしら
あ、今話し
かけてもムダョ
先生 おしゃべりに
夢中だから
先生ー!!

第5章 領域「言葉」と保育の実際

第1節 乳児が安心して言葉や動きで表現する

　乳児は，日々の生活のなかで母親や父親，兄や姉，祖父母などの身近な人に囲まれて，さまざまなかかわりを経験しながら育ちます。さまざまな人とのかかわりのなかで，言葉のもととなる体験が重ねられていきます。誕生のその日から積み重ねられる日々のなかで，人はどのようにして言葉や動きを表現するようになっていくのでしょうか。

　保育所や家庭でのエピソードを通して，乳児が安心して言葉や動きで表現するようになるプロセスについて考えていきます。

写真5-1　目と目が合って

❶乳児が安心して言葉や動きを表現するようになるプロセス

①歩いたり立ち止まったり自由に動く

Episode 1

保育所連絡帳の記録から（1歳2か月）

　今日は，3月になって初めてと思えるほど春らしい日で，みんなで車の少ない所を選んで散歩に出ました。乳母車からおろすと，Kちゃんも一人前にトコトコと歩き，よろっとよろけて一回おすわり，また気をとり直して，歩いて，また座ってと何回も立ったり座ったりを繰り返しています。細い路地に入ると，

Hちゃんと一緒にブロック塀の陰にかくれてなかなか出てこないのでじっと待っていると，2人でそろりと顔を出してきて思わずにっこり。
　「Kちゃん，しっかりあんよ」と声をかけると，トコトコ歩いて，その歩いているのにはずみがついて，まるで踊っているようなKちゃんです。

　連絡帳の記録から，子どもたちの声が聞こえてくるようです。歩き始めのこの時期，一歩，一歩と足を踏み出すのが楽しくて，ゆっくりゆっくり歩みを進めているK児の姿そのものが，「今の自分」を雄弁に語っています。保育者は，そのことを理解し，【Episode 1】のようにK児たちの行動そのものを大切に記したのだと思います。
　乳児の行動そのものが，その子の「今」を豊かに語りかけています。乳児に接する保育者は，このことをしっかり理解することが必要です。行動そのもの，姿そのものが語っている「声」に耳を傾け見守る保育者のまなざしのなかで育つことが，乳児の「安心」と「動き」をはぐくむ大きな要素だと考えます。

② 「声」を楽しむ・リズムを楽しむ

Episode 2

歌うように声を出す（1歳4か月）

　朝，K児は目が覚めても布団のなかに入ったまま大きな声で節回しをつけて声を出している。
　「アーウーアー」という感じの言葉に節をつけて，気分よく歌っている。
　朝食の時も，うどんを手にもってブラブラさせながら同じように歌っている。

写真5-2　「アー！」と一言

　言葉が出始める時期，乳児は，声が自分の体から出るという感覚自体を味わい楽しんでいるように見えます。【Episode 2】は，その一例です。
　1歳を過ぎた頃には，「マンマ」や「ブーブ」などの言葉を話すようになりますが，【Episode 2】の「アーウーアー」のように，微妙に音程やリズムを変えながら声を出し，音の響きを楽しむ姿もよくみられます。
　K児は，声の響きやリズムと，手にもったうどんがブラブラと揺れるリズムがぴったり合うことでさらに楽しさをふくらませています。

声のリズムとうどんの揺れが共鳴し，楽しさが広がったのでしょう。

布団のなかに寝転がったり，声が出る感じを味わったり，うどんをブラブラさせているK児はまさに「安心している状態」なのだということがわかります。

③うれしい気持ち・悲しい気持ちが言葉になる

Episode 3

「ママが！」（1歳4か月）

「ぎゅうにゅう！」と言ってコップをもってきたK児。母は手が離せなかったので，父が牛乳を注ごうとすると，K児は「ママが！」と言って泣き出した。

K児は母親が大好きだったので，大好きな牛乳も，それが誰によって注がれたかでおいしさが違うかのように喜んだり泣いたりしていました。K児の発した言葉は，「ぎゅうにゅう！」と「ママが！」です。それは，とても短い言葉ですが，そのなかに，K児の大切な思いが隠れています。「ぎゅうにゅう！」は，「（ママ）ぎゅうにゅう（注いでちょうだい）！」，「ママが」は「ママが（注いでくれなくちゃイヤだ！）」と読みとれます。それは，言葉の調子や表情，泣き出すという行動から想像できることです。

乳児は，このように短い言葉で自分の気持ちを精一杯伝えようとします。うれしい気持ちを表すこともありますが，それ以上に切羽詰まった状況に立たされた時に「ヤダ！」「ダメ！」などという気持ちを表すことが多くあります。このようにして発した言葉をしっかり受けとめられる経験を重ねることで満足感を味わいつつ，自分の気持ちを言葉にしようという気持ちが育っていくのだと思います。

④「○○みたい！」と感じたことが言葉になる

Episode 4

「クモあった！」（1歳11か月）

母親がアサリの味噌汁をつくっているとK男が鍋をのぞきに来て「クモ，クモ！」と言う。「クモあるねえ，クモあるねえ」と何度も言う。沸騰したお湯の

なかでアサリから泡が出てそれが白い雲のように見えたのだろう。
「ほんとだ。クモあるねえ」と母親が言うと，K児はにっこり笑って「クモあった！」と，もう一度言った。

　言葉を少しずつ覚え，おしゃべりが楽しくなってきた頃のエピソードです。アサリの味噌汁の白い泡のモクモクとした感じが，空に浮かぶ雲そっくりに思えたのでしょう。白い泡が雲に見えたということは容易に想像ができ，母親もK児の言葉を受けとめることができました。

　乳児は細かく説明をすることはできないので，その一言の意味を理解するのは，たやすいことではありません。何を言おうとしているのかがわからず途方に暮れてしまうことが多いのが現実です。乳児は「何」を見て「何」を感じているのか。大人は，その「何」という謎に真摯に向かい合っていきたいものです。乳児が見ているものや感じていることを理解するために，乳児のそばにいる大人は，既成概念にとらわれず，瑞々しい感性を働かせることが必要です。

⑤自分にかけられた言葉を自分も言ってみる

Episode 5

赤ちゃんごっこ（2歳3か月）

　K児は，家で赤ちゃんごっこをすることが気に入っている。
　「Kがママね」と言い，母親を赤ちゃんにする。そして「おいで，おいで」と手招きしたり，「会社いくの」と出かけるまねをしたりする。次には「泣いて！」と要求し，リクエストに応えて母親が「エーン，エーン」と泣くマネをすると，走ってきて「どしたの？　だいじょうぶよ」と言いながら，母親を抱く真似をして，背中をトントンと叩く。

　繰り返された朝のやりとりは，K児の心に深く残っていたのでしょう。大好きな赤ちゃんごっこのなかでも，朝の別れのシーンを再現して楽しんでいます。K児は出かけていく母親の役になり，母親を赤ちゃん役にして「泣いて」と要求した上で，なだめたり別れを宣言したりしています。「どうしたの？」という問いかけや「だいじょうぶよ」という慰めの言葉は，自分が繰り返しかけられた言葉でした。身をかがめて顔をのぞき込むようにしたり，肩に手を置いたりなど，言葉だけではなくしぐさも再現しています。

言葉は，言葉だけで独立して存在するのではなく，相手の状況に応じて存在するものです。また，しぐさや表情を伴いながら相手に伝わっていきます。言葉を覚えたての乳児が，このような伝達手段としての言葉本来のあり方を，ごっこ遊びのなかで体験しているということに驚かされます。言葉を身につけていく上で，ごっこ遊びの果たす役割は非常に大きいということがわかります。

❷乳児が安心して言葉や動きを表現するようになるために必要なこと

①十分に愛されていること

人は誕生のその時から，常に他者とのかかわりのなかで育ちます。微笑みかけられる，抱き上げられるなど，さまざまなかかわりのなかで，愛されているという思いが確実に心のなかに蓄えられていきます。

安心して言葉を発したり，動いたりするようになるためには，「愛されているという実感」が，最も必要になります。

②静けさと適度の活気があること

乳児はさまざまな情報をキャッチしています。したがって，あまりにうるさいなかでは，落ち着かなくなったり不機嫌になったりします。一方，あまりに静かすぎ，小さなことにも敏感に反応するような環境もまた，乳児が育つには不自然といえます。

③さまざまな探索行動が認められていること

お座りや這い這いするようになってくると，身の回りのものに興味をもち，さまざまに探索する行動が見られるようになってきます。引き出しを全部開けてみたり，ティッシュを箱から引き出してみたり，一つのことを始めると，集中してやり続ける姿が見られます。この一見いたずらとも思える行動のなかで，乳児はさまざまなことを感じ取り，さらにもっといろいろなことをやってみようとする気持ちがふくらんでいきます。乳児の始めた行動を，愛のこもったまなざしで見守り満足いくまで取り組ませていく姿勢がとても大切です。

写真5-3 「お兄ちゃんの歯をみがいてあげるの！」

第2節 興味や関心をもって保育者や友達の話を聞く

　赤ちゃんを見かけると人は思わず笑いかけたり話しかけたりします。それに対して，赤ちゃんは驚いて目を見張ったり，にっこりと笑い返したりなど，さまざまな反応を返します。外界からの働きかけに気づいたり反応したりする「応答性」は，言葉を習得し人として成長していく上でとても大切です。

　私たちの生活はさまざまなメディアが発達し情報があふれ，シャワーのように子どもたちに降り注いでいます。母親も情報社会にとっぷりと浸かり，携帯メールを操作したりテレビの画面を見たりしながら乳児にミルクをあげるなど，気になる姿も多く報告されています。

　人が人として育っていく上で最も大切な，目と目を合わせ，ほほえみとともに語りかけられる体験，母親の声にじっと耳をすます体験を奪われている子どもも少なくないのではないでしょうか。

　子どもはこのような困難な環境のなかで育っています。それだけに，幼稚園や保育所では，聞く体験を大切に積み重ねることが強く求められています。「聞く」という行動に注目し，そこで子どもが体験していることについて，さらに，「聞く」ことを支えている保育者や保護者の役割について考えていきます。

❶交わされる言葉・耳にする言葉──発達による特色

　5月中旬，保育室内で子ども同士また子どもと保育者が呼びかけたり会話したりする姿に注目して，保育の一日を観察してみました。記録から交わされる言葉のトーンや内容に年齢による違いが見えてきました。

〈3歳児〉
・「せんせい」「せんせい」という呼びかけが頻繁に起こり，保育者は「はーい？」「どうしたの？」「はーい！」と答えている。すぐにそばに行くことができなくても，「せんせい」と呼びかけた子どもに向かって「はーい。まっててね」と声を返している。
・子どもからの言葉は「○○ができたよ」という報告や「ここくっ

つけて」などの要望が多い。保育者は，子どもの声を一つひとつ逃さないように受けとめ，こまめに「あら，いいわね」「そうなの」と言葉を返したり，手助けしたりする。
- 保育者が園庭に行き，保育室内が子どもたちだけになると，呼びかける声は少なくなりそれぞれに自分の遊びに取り組んでいる。保育者が保育室に戻ってくると急に「せんせい！」という声が出てくる。

〈4歳児〉
- 数人の友達と一緒に自分たちの遊びに集中して取り組んでいる。必要なことがあったときに「せんせい，ちょっと来て！」と呼んだり「○○はどうすればいいの？」と質問したりする。
- 友達同士のトラブルでは，手が出てしまうことも多くあり，泣いて保育者に訴えてくる姿も見られる。
- 保育者が子ども同士のトラブルの場面に呼ばれていくと，状況をうまく説明できる子どもが，はりきって保育者に説明する姿が見られる。

〈5歳児〉
- 友達同士の会話が活発になり，遊びのなかで何か困ったことが起こってもすぐに保育者を呼ぶことは少ない。友達同士のやりとりが活発で，考えを出し合ったり問題を自分たちで解決しようとしたりする姿がよく見られる。
- 「これは先生に頼るしかない！」と思うことが起こったときには，保育者に声がかかる。保育者は，その時も「○○さんはどう思ったの？」と子どもの考えを引き出すような言葉かけをしたり「私はこう思う」と保育者自身の考えを率直に伝えたりしている。

　保育者を必要とするタイミングや，子ども同士の間で交わされている会話に年齢による大きな違いがあります。「せんせい」「なーに？」「せんせい」「はーい！」という声が柔らかく行き来する空間にいることで安心して遊んだり発見したりする時期，友達同士のやりとりや保育者と友達の会話を聞いたりしながら自分の考えをゆっくりはぐくんでいく時期など，それぞれの時期にしっかりと体験したことが，その後の「自分」づくりに大きな影響を与えていきます。
　それぞれの時期に「聞く」ことを通して体験していることと，それを支える保育者の援助のポイントについて考えてみましょう。

❷「聞く」ことを通して体験していることと援助のポイント

①受けとめられている喜びを感じる

Episode 6

「ああ，いい気持ち！」（3歳児　6月）

　保育室にもどってきたS児は，園庭で見つけた大きな葉っぱをうれしそうに保育者に見せた。保育者はS児と目を合わせるようにしゃがみ，その葉っぱを手にとって「あら，いいわね！」と言って自分の頭にのせてみた。S児は保育者の様子を見て，にこっと笑って首をふり，うちわをあおぐような動作をした。
　保育者は「ああ，そう！」と言って葉っぱをうちわのように動かし，「ああ，いい気持ち！」と言うと，S児はうれしそうに笑う。

　大きな葉を見つけたS児は，「うちわみたい」というイメージをもったようです。保育者がS児から受け取った葉っぱを帽子のようにして頭の上にのせた時には「ちがうよ」という意味を込めて首をふっています。S児は「うちわみたいな葉っぱを見つけたよ」という思いをわかってくれるかな，という期待に満ちた目で保育者の動きをじっと見たり言葉に耳を傾けたりしていました。
　保育者は，S児のしぐさに気づき，S児が伝えたいと思っていることを察知して「ああ，いい気持ち」と言いながら葉っぱをうちわのように動かしています。S児のうれしそうな笑顔から，「わかってくれたんだ」という満足感を味わったことがわかります。

〈援助のポイント〉
　自分の思いをまだ十分言葉で表せない時期の子どもに対しては，しぐさに注目し，子どもの思いを推測して言葉をかけていくことが大切です。

S児は,保育者が自分の思ったこと（大きな葉っぱがうちわみたいだよ！ という思い）をわかってくれるだろうか,という思いで保育者を見つめていました。自分の思いをしっかり受けとめて返してくれた保育者の言葉や笑顔を,S児はうれしそうに見つめていました。このように,思いを受けとめられ認められる言葉を聞くことは,子どもに大きな喜びや満足感を与えます。思いを伝えたい,保育者の言葉を聞きたい,と思う気持ちは,このような体験の積み重ねのなかで育っていきます。

②聞いたことから思いめぐらす

Episode 7

「フリスビーつくったことあるよ！」（4歳児　11月）

　製作コーナーでM児が紙皿を2枚重ねて「ブーメランつくったよ！」と言って保育者に見せに来た。
　それを見た保育者は「いいのをつくったね！」と受けとめながらも,紙皿が2枚重なっている形状からの連想で「これ,ブーメランっていうよりはフリスビーって感じがするね」とつぶやいた。
　その言葉を,そばにいたR児が聞き止めて「私ね,フリスビーってつくったことあるよ」と保育者に話しかけてきた。姉が通っている小学校のお祭りでつくったということだった。
　「セロテープの丸い芯と薄い紙でつくったんだよ」とR児は経験を思い出し,材料をそろえてフリスビーづくりに取り組んだ。

　直接自分に対して話しかけられたのではない言葉がきっかけとなり記憶が呼び覚まされて遊びが始まったエピソードです。R児は,自分の経験を保育者に伝え,材料をそろえてつくり上げ,満足感を得ることができました。

〈援助のポイント〉

　子どもはさまざまな遊びを自分から始めていきますが,そのきっかけはさまざまです。このエピソードのように,身の回りで交わされている会話もきっかけの1つとなるようです。
　子どもは,保育者が他の子どもに対して言っている言葉にも関心を寄せています。遊びのきっかけとして受けとめられるだけではありません。保育者が他の子どもを叱る言葉などもよく聞いています。
　子ども一人ひとりの良さを認め,大切に思っていることを穏やかな

口調で話す保育者の学級では，互いを認め合う言葉が子どもの口からも自然に出てきます。逆に，保育者の強い叱責が響くような学級では，子ども同士も口調がきつく互いを厳しく責め立てるという姿が見られ，驚かされたことがあります。

　保育者の言葉は背中を向けている子どもの耳にも届いているということを意識し，一人ひとりの育ちにつながる発言を心がけていくことが大切です。

③集中して話を聞き，想像したり質問したりする

Episode 8

「いつ頃からこういうこと始めたの？」（5歳児　7月）

　昆虫の専門家Aさんが幼稚園に来て，珍しい虫の標本を見せたり，虫についての話をしてくれたりした。

　子どもたちが自分の見つけてきた虫について「餌は何をあげたらいいの？」「飼える？」など口々に質問すると，Aさんは一人ひとりの質問に対して丁寧に答えてくれた。そのやりとりを聞いていたB児は，Aさんの顔をじっと見て「ねえ，いつ頃からこういうこと（標本づくりなど）を始めたの？」と尋ねた。

　Aさんは，少し考えた後で「そうだなあ，ちょうど君たちくらいの時かな」と答えた。B児は「そうかあ」とつぶやきながら，もう一度Aさんの集めた標本に目を向けた。

写真5-4　「ねえ，この虫，何っていう虫なの？」
　　　　　──虫博士をかこんで

　【Episode 8】の子どもたちは，自分たちが興味をもっていることについて詳しく話してくれる人に出会い，喜びを感じながら集中して話を聞く体験をしています。B児は，他の子どもの質問に対するAさ

んの答えを聞いているうちに，自分も質問したいという意欲がかきたてられたようです。B児は，Aさん自身のことについて質問しています。Aさんの答えを聞き，今の自分との近さを感じとっている様子が見られました。

〈援助のポイント〉

　集中して話を聞いたり質問したりというやりとりが生まれるためには，話題が子どもの興味をもつ内容であることが必要です。また，子どもの問いかけにしっかりと向き合い丁寧に返していくというAさんのかかわりが，話を聞きたいという気持ちを引き出していることがわかります。

❸子どもが，興味や関心をもって保育者や友達の話を聞くようになるための配慮点

　「聞く」という行動のなかで子どもが体験していることについて考えてきました。私たちは，「聞く」という意識をもたなくても「聞こえてくる」ことが多い，まさに情報のシャワーのなかで暮らしています。保育のなかでも，保育者の言葉かけが多すぎると同様の状態になります。

　「聞こえている」内容が，自分にとって意味のない繰り返しだったり自分の興味とかけ離れているものであったりすると，子どもは次第に聞こえていても聞かなくなってしまいます。聞く力を育てようとして，逆に聞く意欲や聞く力を阻害しているということがあるのです。

　「聞こえている」という状態と「聞こうという意識をもって聞く」という状態とでは育つものが全く違います。「聞こうという意識」のきっかけが「興味や関心」です。子どもが興味や関心をもって保育者や友達の話を聞くようになる配慮点を以下にまとめました。

①話題について

　子どもの興味や関心につながる話題を選ぶことが最も大切なことです。子どもは何に興味や関心をもっているのか，それがわかるのが担任です。子どもとともに遊び，生活をしていくなかで感じ取ることができるはずです。子どもの興味や関心は多岐にわたっていますから，保育者のアンテナを高くしておくことが必要です。

　その日あったことを話題にすることで，子どもは強い興味を示すようになります。時を逃さない話題の選び方が大切です。

また「昨日はすごい地震だったね」と語りかけると，次々に家での様子が報告されます。幼稚園でのことだけでなく，家でのことや地域などで起こっていることも，子どもの関心を高め，活発に話が交わされるきっかけになる話題だと思います。

②**話し方について**

子どもが静かに話を聞かないからといって保育者が大声で話すようになると，子どもは，もっと聞かなくなります。「聞こう」という気持ちを引き出す落ち着いた話し方が大切です。一方的に話し続けるのではなく，呼びかけたり子どもの反応を見たりなど，語りかけるという姿勢をもつことが必要です。

聞いて理解する，ということはたやすいことではありません。主語と述語をはっきりさせて，整理したわかりやすい話し方を心がけましょう。驚きや喜び，悲しみなど保育者自身の率直な気持ちも込めながら語ることで，言葉に命が吹き込まれます。

③**環境に配慮する**

子どもは，常に刺激に対して敏感です。じっくりと話をしたい時には静かに集中できる場所を選びましょう。昼食時，隣り合わせに座った相手とリラックスして話している子どもの姿があります。保育者も子どもたちと一緒に昼食を食べながら会話を楽しむようにすると，集会とは違う子どもの言葉を聞くことができます。場を変えることで伝わり方に違いがあることに保育者自身が気づき，自覚的に場を選び整えるようになっていくことが大切です。

第3節 体験や考えを自分なりの言葉で相手に伝える

実況放送のような感じに自分のしていることをつぶやきながら遊ぶ子どもがいます。ゆっくりとした時間があり，何も邪魔されなければ子どもは，気分よくつぶやき続けます。そしてそばにいる大人が笑顔を向けていることに気づくと「あのね」と話しだすこともあります。

伝えようという意識をもたずにつぶやくところから始まり，さまざまな体験を経ながら，子どもは，自分なりの言葉で体験したことや考えたことを表すようになっていきます。遊びや生活のなかで，自分な

第 5 章　領域「言葉」と保育の実際

りの言葉を発し相手に伝えようとしている子どもの姿から，言葉が発達していく過程と，保育者のかかわり方について考えていきます。

❶自分なりの言葉で体験や考えを伝えるようになっていく過程

①つぶやきながら遊ぶ

Episode 9

それぞれに遊ぶ（3歳児　5月）

　ブロックや汽車のおもちゃ，ままごとなどでゆっくり遊んでいる。A児は「スピード，スピード，出発でーす！」と元気な声で言い汽車を動かしている。B児は「ここに小さいの入れて……」とつぶやきながらブロックのなかに小さなおもちゃを入れている。
　汽車のおもちゃが脱線してしまいA児が「わー！」と言うと，ちょうどその後ろでブロックを組み立てていたB児は，首を回してA児の方を見るが，またブロックの方に視線を戻し組み立て続ける。

　友達や保育者に伝えることを目的とせず，つぶやきながら遊んでいる3歳児のエピソードです。自分の遊びに集中し時々友達の言葉や動きに気づき目をやることもありますが，また自分の遊びに戻ります。
　友達に左右されず自分の遊びに没頭する時期のつぶやきは，子どもの内面を豊かにする大事なものです。保育者は，子どもと同じ言葉をつぶやいたり同じ動きをしたりしながら，それぞれを認める働きかけを丹念に積み重ねていきます。大きな動きをつくろうとしない，友達との会話に急いでつなげていかないよう気をつけることが必要だと思います。

②**友達とのかかわりが始まり，ひろがる**
　　──どうしても伝えたいという思いが基盤
　子どもは，親しい友達と遊ぶなかで，自分の思いを相手に伝えようと努力したり，伝わらないもどかしさを感じたりします。なかでも，困ったことをする相手を説得したり，一緒に遊びたい相手を誘ったりするときには，今までの経験を総動員して言葉をかけていきます。
　積み木をたくさん使って遊びたいと思っていた子どもが，先に遊びだした子どもに交渉していく様子を以下にあげます。

Episode 10-1

積み木をめぐるやりとり（4歳児　11月）

――「ここが自分の場所だ！」と宣言するG児

保育室の積み木コーナーでのこと。

G児が「ここGくんの基地ってこと」（宣言①）と言いながら積み木の上を歩いている。

積み木を使いたいと思っていたE児はG児の様子に気づきどうしようかな，と考えている。

（吹き出し：ここGくんの基地!!／あれ!?　E児）

「これは自分のものだ！」という言葉は宣言です。子どもの遊びのなかではこのような宣言がよく聞かれます。「これは○○」と宣言した言葉は大きな力をもちます。G児の言葉を受け，E児はどうすれば自分も積み木をたくさん手に入れることができるかを考え始めています。

Episode 10-2

交渉するE児

E児「じゃあ，ジャンケンでやろう。（交渉①）勝ったらこっち（が自分の家），負けたらあっち（が自分の家）」とG児に呼びかける。E児とG児はジャンケンをするが，G児は負けてしまう。

E児の考えた対応策はジャンケンでした。積み木がたくさんある位置を何とかして確保したいと思っているE児のねらいをG児は理解していないので，G児はジャンケンの提案を受け入れています。

Episode 10-3

G児をなだめ，事態を収めようとするE児

「いやーだ！」（拒否①）と言って泣き出したG児を見てE児は「わかった，わかった。（受容）じゃあもう一回。今度は負けるようにやってあげる（提案）から」と言ってジャンケンをし，今度はE児が負ける。

第5章　領域「言葉」と保育の実際

　ジャンケンに負けたG児は，自分の方が積み木の量が少なくなってしまうという事態をようやく理解し，泣き出してしまいました。
　できるだけ平和的に自分に有利な状態をつくりたいと思っていたE児にとっては，G児が泣いてしまうというのは望ましい展開ではなかったようです。G児をなだめる言葉かけをし，ついにはわざと負けるという行動までとっています。

Episode 10-4

「ここが自分の場所だ！」と宣言するG児
　G児は「勝ったからGくんの家こっち！」(宣言②) と言って，うれしそうに初めに自分の場所にしようとしていた場所へ行く。
　E児も自分の場所に移動するが，そちらは積み木が少ないのでどうしようかなという顔になる。

　再びG児は宣言しました。2回目の宣言でいよいよこの決定（ここが自分の場所）はくつがえらないように思えましたが，E児はまだ何とかしようと考えています。

Episode 10-5

交渉しつつ，そっと行動するE児
　「ねえ，ねえ，Gくん。こっちがGくんの家で，こっちが私のとこで……。こっち（Gくんのほう）が勝ちで，こっち（自分のほう）が負けで……。で，この積み木少しもらっていい？」(交渉②) と話しかけ，G児の方の積み木を少しずつ自分の方に移動しはじめる。(実力行使)

　どうすればいいかを考えたE児は，G児が勝ったということを強調し，G児をうれしい気持ちにさせながら，交渉を進めています。そして，G児の承諾を待たずに積み木の移動を開始しています。初めの頃の慎重な手順に比べればずいぶん強引です。

Episode 10-6

やわらかい拒否の気持ちを伝える G 児

　G 児は積み木を動かしてくぼみをつくり，そのなかに入りながら E 児の申し出に対して「いいよ」（受容）と返事をする。目で E 児の動きを追っている。E 児がどんどん運びはじめたのに気づいて G 児は「これだけでもいいよ」（拒否②）と E 児に向かって呼びかける。

　ここまで自分の気持ちを受け入れてくれた E 児の頼みなので，G 児も少しならばいい，と思ったのでしょう。しかし，積み木がどんどん少なくなってきたので危機感を覚えたようです。もうこれ以上はダメだと思った時の G 児の言葉が「これだけでもういいよ」でした。強い拒否ではない言葉の選び方に，2 人が互いに願いを調整しつつ楽しく遊ぼうとしている気持ちが反映しているように思います。

　エピソードにそって詳しく考えてきましたが，子どもが友達とのかかわりのなかで発している言葉の意味を整理してみましょう。

【自分の思いを主張する言葉が遊びやかかわりのきっかけとなる】

　G 児は，発言（宣言①②）することによって，自分の場所はここだということを決定づけています。その言葉は大きな力をもっているので，E 児は対応策を考えざるを得なくなります。

　子どもは他者の言葉を尊重し受け入れながら，自分の思いも遂げようとします。そのために苦労をするわけですが，それが育ちにつながっていくのだと思います。

【交渉するやりとりのなかで相手に応ずる体験を積んでいる】

　E 児は 2 度にわたる交渉を行っています。ジャンケンの結果を受け入れずに泣くという G 児の反応を見て，E 児は妥協し，「負けてあげる」という提案までしています。約束通り E 児が負け，G 児は喜びます。その様子を見ながら，今度はどのようにアプローチすればいいか，と考えた末の交渉②は，ほとんど実力行使のようなものでした。

　相手の状態を見ながらいろいろな策を工夫するということは，遊びのなかで多く体験することです。回り道のようなやりとりは，相手の出方にどのように応ずるかを学ぶ機会になっています。決して無駄なものではないのです。

【遊びたい気持ちと相手への親しみが，粘り強い交渉を支えている】

　それにしても，どうしてこのように E 児は粘り強く交渉し，G 児

第5章 領域「言葉」と保育の実際

もそれに応じているのでしょうか。途中で投げ出さず，方法をさぐり，かかわり続ける2人を見ていると，心の底に遊びたい気持ち，友達を大事に思う気持ちがあることがわかります。この気持ちなしでは，粘り強さは生まれなかったのだと思います。

③伝わらないもどかしさの体験を乗り越えて

友達に自分の思いを伝えようとしはじめた子どもたちは，さまざまな場面で，自分の思いが相手に伝わらないという葛藤を体験するようになります。伝える側，聞く側双方に課題があり，だからこそ大切な葛藤体験となります。

Episode 11

「戦いごっことかはダメなんだよ」（5歳児　10月）

病院ごっこを始めたS児たち。積み木を使ってベットもつくり，さっそく入院者がやってきて活発に遊びだした。そこへ，T児が「入れて」とやってきた。S児は，少し考える顔になる。T児がもう一回「入れて」というと，S児はT児の顔をじっと見て「いいけどさ。戦いごっことかするのはダメなんだよ」と言う。

以前からT児とS児はよく一緒に遊んでいました。じっくりと遊びたいS児とは対照的に，T児はヒーローごっこのイメージで遊びたがる傾向があり，それが原因でトラブルになることもありました。そのような経験が，S児の発言のもととなっていると考えられます。

病院ごっこが軌道にのってきたところに加わろうとしたT児に対して，S児は「戦いごっこはしないこと」と条件をつけています。遊びの楽しさを守りたい気持ちと，友達が加わることは受け入れたい気持ちの両方を尊重した発言です。

相手のことを理解することや自分の気持ちをわかりやすく伝えることは，人とかかわる上で大切な力になります。子どもは，このような遊びのなかで大切な力を身につけていることがわかります。

❷子どもが自分なりの言葉で体験や考えを伝えていくようになるための援助のあり方

①ありのままの表現を受けとめ、共感的に聞く

　主語と述語の使い方が不適当だったり、同じ言葉を繰り返したりなど、子どもの話し方は未熟です。しかし、一番大切にしなくてはならないことは、「自分なりの言葉で話そうとする意欲」です。

　話すことを通して、子どもは次第にわかりやすく正しい話し方に気づいていくのです。子どものありのままの表現に喜んで耳を傾け、共感的に聞くことが大切な援助です。

②子どもの言葉や動きを繰り返す

　子どもがつぶやいた言葉の意味がなかなか理解できないときには、ゆっくりその言葉を復唱したり、子どもの動きを真似たりすると、子どもの思いが理解できるときがあります。また、子ども自身も、そのようにしている保育者の姿から、自分のことを心にとめてくれているということを感じ取ることでしょう。そこから、また新しいコミュニケーションが始まります。

③小さなつぶやきを聞き逃さない

　子どもは、表情やしぐさ、小さなつぶやきで自分の思いを表します。大きな声で言いなさい、と求めるのではなく、その子どもなりの動きやつぶやきを見逃さず聞き逃さないという姿勢をもつようにしたいものです。特に、なかなか自分の思いを出しにくいと思われる子どもについては、思いを出せない子と決めつけるのではなく、場面によって変わるという意識をもち、注意深く様子をとらえることが大切です。

　遊びの時にはなかなか動きだせない子どもが、片付けでは率先して

写真5-5　「わぁすごい！」──どろだんご作りから

指示を出し張り切って行動するという姿を見たことがあります。

場面やメンバーによって動きが変わる子どもがいます。さまざまな動きやつぶやきに心を向け，受けとめるようにしていくことが大切です。

④伝えようと努力したこと自体を認める

自分の思いを相手に伝えようとする姿勢は，子どもの育ちとともにあらわれるものです。人とのかかわりを経験しながら育っているからこそ出てきた姿だといえます。

子どもの言葉はまだ十分に発達していませんから，思いがすべて伝わるとは限りません。その部分については，保育者が援助し，子ども同士のなかで互いの思いが伝わる橋渡しをすることが大切です。

伝えようという意欲をもったこと，そのための努力をしたこと自体を十分に認めていくことにより，子どもは育っていきます。

第4節　いろいろな体験を通してイメージや言葉を豊かにする

子どもは，体験を通してさまざまなことを感じ取り，心のなかにため込んでいきます。体験の重要性を思うとき，レイチェル・カーソンは『センス・オブ・ワンダー』[1]のなかで次のように言っています。「わたしは，子どもにとっても，どのようにして子どもを教育すべきか頭をなやませている親にとっても『知る』ことは『感じる』ことの半分も重要ではないと固く信じています。子どもたちがであう事実のひとつひとつが，やがて知識や知恵を生み出す種子だとしたら，さまざまな情緒やゆたかな感受性は，この種子をはぐくむ肥沃な土壌です。幼い子ども時代は，この土壌を耕すときです。」

体験を通して「感じ取ったこと」それがイメージや言葉のもととなります。そのためには，子どもだけでなく，保育者もまたセンス・オブ・ワンダー（神秘さや不思議さに目を見はる感性）をもつことが求められています。人とかかわる体験や，文化的な体験など，子どもの心に残る体験にはさまざまなものがあります。ここでは特に自然との出会いにしぼり，具体的な子どもの姿をあげながら体験のもつ意味や保育者の援助のあり方について考えていきます。

[1] レイチェル・カーソン『センス・オブ・ワンダー』新潮社，1996年，p. 24.

❶さまざまな自然と出会い，かかわる子どもの姿

①発見や驚きに包まれて——風を感じる

　左の写真は何をしているところでしょうか？

　保育室前のテラスから，楽しそうな歓声が聞こえ，見に行ったらこのようなことをしている子どもたちがいたのです。この幼稚園は，高層住宅の一階にあり，周囲も高層住宅で囲まれています。そのため時折強いビル風の吹く幼稚園でした。このことが，この遊びを生み出す大きな要因になっています。

　もうわかったことでしょう。この子どもたちは，手にもった紙テープが，強い風にあおられて，テラスの屋根にまで届きそうなくらいに舞い上がることに気づき，驚いていたのです。

　子どもたちは，強い風が吹くたびに「うわぁー！」と歓声をあげ，ぐんぐん紙テープが上がっていくのを見ながら「天井までいっちゃうよ！」「もう少し！」と叫んでいました。紙テープが風の吹き方によって，クルクル回ったり，うねうねと動いたりする様子を見つめながら「ヘビみたいだね」とつぶやく声も聞かれました。

　私たちの身近にある「風」との出会いが，このような発見につながりました。豊かな体験というのは，どこかに出かけたり何か特別のことを企画したりすることでだけ得られるのではないのです。強い風と紙テープが一緒になったことから，このような遊びにつながりました。私たちの周りに，豊かな体験のチャンスはたくさんあるのです。

②空間に身を置いて，場の雰囲気を感じる——トンネル

　子どもは空間に身を置き，そのなかでさまざまなことを感じ取り，イメージを広げています。空間は子どもにさまざまなことを語りかけています。

　幼稚園や保育所のなかで，子どもはどのような「場」を見つけ出し，イメージを広げているのでしょうか。上の写真は，園庭の土山にある長いトンネルから向こう側をのぞいたときのものです。トンネルのなかは暗く一歩足を踏み入れるとどこか別の場所に来たような気持ちになります。

　入園間もない頃の3歳児は，トンネルに足を踏み入れることができず，こわごわとのぞきこんでいます。のぞきこんだときに見えるものは，丸く切り取られた空間でした。丸い空間にあるものは特別なもの

写真5-6　「天井までいっちゃうよ！」

写真5-7 トンネルのなかから見えたもの

に思えて「どこかなあ？」とつぶやいたり，「クジラがいる！」と叫んだりします。「クジラだ！」と叫びながらトンネルの向こう側に走っていくと，そこには切り株があって「これだったのかなあ？」と首を傾げる子どもたちの姿もありました。

　場の雰囲気を感じ取り，見えないものが見える気持ちになる，このことが，イメージのもととなり，遊びの原動力になるのだと思います。

　子どもの思いをかきたてる場所は，どのようなところなのでしょうか。身近な場のなかにある不思議を見つけ，遊びにしてしまう子どもの感性に学びながら，保育者も環境を見直すことが必要なのだと思います。

③体全体で味わう──菜の花に包まれて

　春の遠足で，背の高い菜の花が一面に咲いている場所を見つけました。自由に分け入ることのできる場所だったので，歓声をあげながら飛び込んでいきました。菜の花をかきわけながら歩くので，やわらかい葉が顔にあたります。草の匂いもしてきます。

写真5-8 菜の花のなかに飛び込んでいく

何人もの子どもが通ったことによって道ができています。細く続く道を歩いていると、迷路に迷いこんだような気持ちになります。菜の花にチョウチョもたくさん集まってきて、菜の花の迷路には入り込まずにチョウチョを追いかけている子どもたちもいました。

体全体が包まれるなかに入り込み、体に触れる感触や匂いなどを感じることは、心のなかに深く残ります。保育者も子どもとともに菜の花のなかに飛び込み、子どもが見ているもの感じていることをともに感じていくことが大切です。

④五感を通して感じ取る

枯葉や土を使ってままごと遊びをしていた子どもから「はいどうぞ」と小さな茶碗が差し出されました。保育者が食べる真似をして「おいしいわね、ごはんかなあ？」と言うと、「これね、茶碗蒸しだよ」という答えが返ってきました。確かになかに一粒ギンナンの種が入っていました。

幼稚園には大きなイチョウの木があります。秋にはたくさんのギンナンが落ち、あたりは独特の匂いに包まれます。ギンナンは、子どもたちの遊びのイメージに影響を与えていることがわかります。

写真5-9　イチョウの木の周りで

緑だった葉が少しずつ黄色くなっていく自然の変化を味わったり、雨のように降りそそぐ葉で遊んだり、1本のイチョウの木は、豊かな体験を与え続けています。自然の変化を五感を通して感じとることを大切にしたいと思います。

❷豊かな体験を支える保育者の役割

子どもが豊かな体験をする上で、保育者の果たす役割はとても重要です。

体験を豊かなものにし、イメージや言葉を豊かにする保育者のかかわりや配慮点についてまとめてみました。

①**体験を豊かなものにするポイント**
【チャンスを逃さない】
　強い風の吹いた翌日，園庭が枯れ葉で埋め尽くされるという状態になることがあります。いつも見ている園庭とは全く違う様子に思わず息をのみそうになります。このような情景に出会ったら，ぜひ子どもが味わえるように保育を組み立てましょう。
　体験とは，あらかじめ予定を立てて計画通りに行えるものもあれば，今を逃したら味わえなくなる，というものもあります。季節の変化や近隣の状況，保護者からの情報など，さまざまなことにアンテナをはりめぐらし，豊かな体験のチャンスを逃さない姿勢をもつことが大切だと考えます。
【急がせない】
　一面の落ち葉と出会ったとしても，すぐに落ち葉の海に飛び込む子どももいれば，ゆっくり様子を見てきれいな落ち葉を集めていく子どももいます。子ども一人ひとりの味わい方は，それぞれ違います。子どもの心が動き，ゆっくりと動き出す姿をしっかり見守ること，急いでかかわらせようとしないことが大切です。
【先入観を与えない】
　散歩の途中で長いミミズを見つけた保育者が「ワー，気持ち悪い」とつぶやきました。すると，子どもは口々に「気持ち悪いね」と言いながら，ミミズをよけて歩いていってしまいました。もしも保育者が「ワー，長いミミズ」と言い，しゃがみこんでミミズを見たとしたらどうでしょうか。子どもたちも保育者と一緒にミミズを見つめ，「本当だ，長いねえ」「おかあさんかな？」「おとうさんじゃないの？」などいろいろな会話が生まれたかもしれません。
　保育者の一言は子どもに大きな影響を与えます。子どもがそのものとしっかり出会い，かかわるなかで，自分自身で体験していくことが何よりも大切です。先入観を与えるような言葉や行動は避けるようにしましょう。
【保育者も子どもとともに体験する】
　一面の落ち葉の海を見て，思わず保育者が寝転がると，次々に子どもたちが寝転がり，そのまま海ごっこが始まったことがありました。保育者自身も，心と体を開放して，子どもとともに体験を楽しむことは，豊かな体験を支える重要なポイントです。
　子どもが感じていること，楽しんでいることを理解するには，とも

に行動する，子どもと一体になる，ということが必要です。

　ただし，保育者の動きが大きすぎると，子どもは保育者のあとをついて動くようになってしまいます。子どもがそれぞれの動きをしている状態を把握しながら，保育者の動きを出していくようにしていくようにしましょう。

②イメージや言葉を豊かにするポイント
【小さなつぶやき，動きを見逃さない】
　園庭で一人黙々と枯れ枝を集めていた子どもが，しばらくして保育室に戻ってきて「たき火のもってきたよ」と保育者に声をかけました。保育者が「まあ，いっぱい集めてきたのね」と受け止めるととてもうれしそうな笑顔を浮かべ，キャンプごっこが始まりました。

　子どもは，さまざまな体験をするなかで，いろいろなことをつぶやいたり遊びに生かしたりします。そのつぶやきや動きを保育者が見逃さず受けとめることで，子どものイメージはつながり，遊びがひろがっていきます。

【多様な表現を大切にする】
　子どもの表現は，どれもかけがえのないものです。このことを肝に銘じて子どもに言葉をかけることが大切です。

　保育者の言葉が，評価的で一面的なものだったとしたら，子どもは次第に保育者が望むような表現をするようになってしまいます。多様な表現やかかわりを支えているのは，常に多様さを大切にする保育者のあり方なのです。

【保育者自身も心を解き放つ】
　「イメージや言葉の豊かさ」とはどこからくるのでしょうか。それは，リラックスした状態，一人ひとりが自分の感じたままを出せる状態から生まれるのではないでしょうか。いかに一人ひとりがリラックスできるようにするか，そのためには，まず保育者自身が心と体をゆったりと解き放つことが大切だと思います。

第5節 絵本や紙芝居に親しみ，創造する楽しさを味わう

　絵本や紙芝居は，子どもの身近にある豊かな文化財です。絵本は，

文と絵が融合する形で、物語を表現しています。紙芝居は、まさに紙に描かれたお芝居です。

子どもは、絵本や紙芝居を通して、言葉の美しさや面白さと出会い、物語の世界を楽しむようになっていきます。物語の世界を十分に楽しんだ子どもは、さまざまに感じとったことを言葉や動きで表現したり、物語をつくり出したりするようになっていきます。

幼児期は、現実と空想の世界を自由に行き来できる時期です。保育のなかで、絵本や紙芝居との出会いを積極的に取り入れていくことが大切だと考えます。絵本や紙芝居を取り入れる際の配慮点について以下に整理しました。

❶身近に絵本や紙芝居と出会う機会を大切にする

絵本は、子どもが自分で手にとり、自分のペースでお話の世界に親しんでいける豊かな文化財です。子どもが自由にかかわれるよう、保育室内に絵本コーナーを設置したり、絵本の専用の部屋(絵本の部屋など)を用意したりします。ソファーを近くに置いたり絨毯を敷いたりすることで、ゆっくり絵本を楽しめるようになります。

学級全体の読み聞かせは、文化に親しみ豊かな感性をはぐくむ大切な機会です。みんなで同じ本を読むことにより、一体感を味わうこともできます。

みんなで楽しんだ絵本を絵本コーナーに置いておくと、さっそく自分たちで手にとりページを開きながら「○○になるんだよ」「ここが面白いよね」と会話が弾みます。

写真5-10 大好きな絵本の時間

❷教材研究を十分にし，絵本・紙芝居との出会いを積極的につくる

　絵本や紙芝居にはさまざまなものがあります。絵本や紙芝居の豊かさや可能性，作品の特色をとらえ，積極的に出会いの機会をつくることが大切だと考えます。そのためには，教材研究を十分にしたり，保育のなかで実際に絵本や紙芝居が生かされている様子を観察したりすることが必要です。絵本と紙芝居をタイプ別に紹介します。

①絵　本

◆心を解き放つ絵本

○「ふしぎなナイフ」（福音館書店）

　主人公は一本のナイフ。このナイフが，伸びたり，縮んだり，膨らんだり，思いもかけない変化をしていきます。出てくるのはナイフだけ，言葉もほんの少しだけです。転入園したばかりで日本語の通じなかったウズベキスタンの子にも楽しさが伝わりみんなと一緒に大笑いしたことがありました。「また読んで！」とリクエストされる本になります。1冊の本がみんなのお気に入りになりみんなで笑い合ううちにクラスの一体感が高まっていきます。

　　＊他に「もこ　もこもこ」（文研出版），「ぽちぽちいこか」（偕成社）

◆自分自身の体験がよみがえる絵本

○「はじめてのおつかい」（福音館書店）

　子どもがはじめて一人でおつかいに行く時のドキドキする気持ちがよく表わされている絵本です。子どもたちは，買い物を終えた主人公が道の途中で転んでしまうところでは，痛みを感じるかのように顔をゆがめたり，お母さんが迎えに出て来たとろでは，「よかった！」という顔になったり，主人公と一体になりながらお話の世界に引き込まれていきます。

　読み終わった後に「おつかいしたことあるよ」と話し出すなど，自分自身の体験をよみがえらせて聞いたり，自分もいつかあのようなことをしたい！と思ったり，子どもの心のなかにさまざまな思いをひろげる本です。

　　＊他に「いもうとのにゅういん」，「くだもの」（2冊とも福音館書店）

◆想像の世界をひろげる絵本

○「かいじゅうたちのいるところ」（冨山房）

お母さんの言うことをきかず怒られた主人公の部屋が，いつのまにかジャングルになり，船で乗りついたところにはかいじゅうがいて……，と続いていく不思議な話です。

　短い文がテンポよく並び，大胆な絵が読者を不思議の世界に連れて行き，子どもたちは，驚いたり笑ったりしながらお話を楽しみます。お母さんの呼ぶ声がきっかけになって，もとの家に戻ってきたところでは，少しほっとした顔になります。

　日常生活と想像の世界の境界線があやふやで，気がついたら不思議なことになっていたという展開はファンタジーの典型的な形です。この種の話は多くありますが，夢の世界に迷い込んだ気持ちにさせられるしっかりした内容の本を選ぶことが大切です。

　　＊他に「おふろだいすき」，「せんたくかあちゃん」（2冊とも福音館書店）

◆心が揺り動かされる絵本
○「おしいれのぼうけん」（童心社）

　保育所を舞台にしたお話は，子どもたちに親近感をもって受けとめられます。

　友達を思う気持ちや勇気，子どもを叱っている保育者の迷いなども描かれ，話は複雑に展開していきます。ページ数も多く，数日かけての読み聞かせになりますが，子どもたちの集中は途切れません。自分の体験を思い出しながら主人公を応援する気持ちが高まってくるようです。

　作者が読者に体験してほしいと願っていることはどのようなことなのでしょうか。それは一言で言えるものではなく，また一様のものでもないのかもしれません。本を読み終わったときにとても長い時間，旅をしてきたような気持ちにさせられる本，心が揺り動かされる本との出会いを大切にしたいと思います。

　　＊他に「子うさぎましろのお話」（ポプラ社），「チムとゆうかんなせんちょうさん」（福音館書店）

②**紙芝居**
◆心を解き放つ紙芝居
○「ごきげんのわるいコックさん」（童心社）

　紙面いっぱいにコックさんの顔が描かれ，その顔が変化していく様子に大笑い。「きげんが悪い」という状態は子どもたちにとっても身近な感覚なのでしょう。楽しさが学級全体に広がり，一体感を味わう

よい機会となります。紙芝居に親しむ導入にもなります。テンポやリズムを大切にして読むことにより楽しさがふくらみます。

◆お話の世界に引き込んでいく紙芝居
○「食べられたやまんば」（童心社）

　やさしいばあさまに化けていたやまんばが，本性をあらわす時のおそろしさ。追いつ追われつのハラハラ感。最後におしょうさんの言葉にだまされてやまんばが豆になって食べられてしまうところまで，話はテンポよく進み，子どもたちの集中は途切れません。絵も大きく紙芝居の良さが十二分に発揮されています。セリフを覚えるまで読み込み，役になりきって演じることがポイントです。

◆心が揺り動かされる紙芝居
○「うみにしずんだおに」（童心社）

　荒れる海を沈め，村の人々を救うために岩になった鬼の話です。「おいらも行く」と言って父の後を追い，一緒に岩になった子鬼の姿が愛らしく，心を打ちます。村の人々のためになぜ鬼は岩になったのだろう，どうして……，という問いを子どもたちは抱くのではないでしょうか。子どもの心に多くの問いを残すお話との出会いを大切にしたいと思います。

❸絵本や紙芝居との豊かな出会いをつくる援助のポイント

①文化財への理解と技術の習得

　絵本や紙芝居は，大切な文化であり教材です。保育者は，まず多くの絵本や紙芝居にふれることが必要です。また，発声や表情などもお話の伝え方に大きな影響を与えます。積極的に関連の本を読んだり，絵本や紙芝居についての研修会に参加したりなど，知識や技術を高めていく努力が必要です。

　実際に他の保育者が読み聞かせをしている場を見ることは大変勉強になります。観客の立場になることで普段気づかないことに気づくことができます。文化を伝えていくという重要な役割を担っているという意識をもち，努力を怠らない姿勢が求められています。

②子どもの発達や興味，時期に応じた題材，内容の選択

　絵本や紙芝居の選択においては，さまざまな要素についてよく考えることが大切です。読み聞かせの時間を大切に積み重ねていると，必

ずお気に入りの本や紙芝居ができます。「また読んで」「もう一回」という声は，子どもの関心の高さや学級の一体感ともつながるものです。子どもの声を受けとめることが大切です。

③**保護者とともに**

　絵本や紙芝居に親しむ子どもを育てていく上で，保護者の協力は欠かせません。園の本を貸し出し家で読み聞かせしてもらったり，読み聞かせの手伝いをしてもらったりすることで保護者の関心が高まり，子どもたちの体験も豊かなものになっていきます。

　保護者は，子どもが文字を読めるようになってくると，自分で読みなさいと言ってしまいがちです。子どもも自分で読めることがうれしくて，「読んで」と言ってこなくなることもあります。しかし，文字の拾い読みでは物語を理解することにはなかなか行き着きません。物語は，声を通して心に届くからです。同じ話を親子で共有することにより，豊かな語り合いも生まれます。このような意味を伝え，保護者の理解を得ていくことが大切です。

❹絵本や紙芝居をつくる楽しさを味わえるように

　絵本や紙芝居に親しむなかで，子どもたちは自分でも創り始めるようになります。特に，絵を描くことを好む子どもは，描いた絵を何枚も重ねてホチキスでとめ，本をつくったとうれしそうに報告することがよくあります。

　この体験を通して大切にしたいことは，つくってみたいという気持ちを支えること，できあがった作品への本人の思いを受けとめていくことです。整ったストーリー展開が目的ではありません。思いを受けとめ共感する援助を重ねることが大切です。

①あるところにハムスターがいました。
　ハムスターのあかちゃんがいました。

②ハムスターはうさぎさんのうちにいきました。
　「なーんだ」といっていました。
　ドアはおっきいしやねはおっきいし。

③ねこさんのうちにいきました。
　ドアはちいさいし，やねはちいさいし。
　ねこさんのうちは，つめ。

④きつねさんのうちにいきました。
　やねはちいさいし，ドアはちいさいし。
　しっぽはあるよ。

⑤ぞうさんのうちにいきました。
　やねはちいさいし，ドアはちいさいし。
　「やーやー　ぼくのうちにきてもいいよ。
　じゃあ　またきてね」といいました。

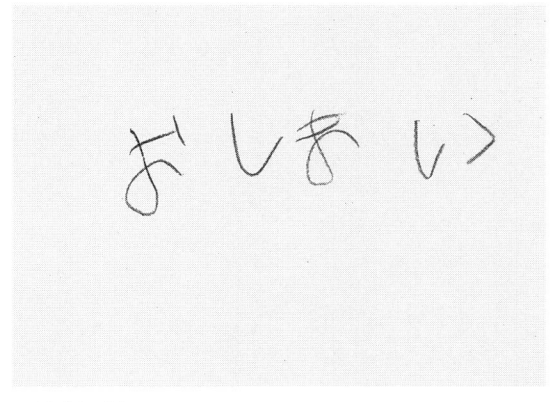

⑥おしまい

図5-1　りほちゃんのつくった紙芝居

第6節 文字で伝える楽しさを味わう

　言葉と文字は，密接な関係にあります。子どもの生活は，さまざまな文字に囲まれています。子どもは，知らず知らずのうちに文字に親しみ，自分から文字を使おうという気持ちになっていくのです。

❶文字に親しむ・文字を使う子どもの姿から

①文字に興味をもつ

　文字に興味をもつようになった子どもは，身の回りにある表示のなかから自分の知っている文字を拾い読みしたり，「これは何？」と聞いたりするようになります。周りにいる大人は子どもの興味に応じてかかわっていくことが必要です。

　文字に対する興味がいつ頃出てくるかについては，個人差があります。兄や姉とのかかわりや親の意識も大きく影響します。興味をもつ時期については遅いことよりも早すぎることの方が心配です。文字を追うことに夢中になり，素朴なかかわりや体験を通して理解することが後回しになりがちになるからです。体験や動き，言葉の育ちとつなげながら，文字への興味をゆっくり育てていくことが大切だと考えます。

②文字を書こうとする

　サインのように文字を繰り返し書く時期があります。文字らしいものを書くことがうれしくてたまらないようです。文字らしいものを書くことを試している時間を十分に保障していくことが大切です。文字を書こうとしているとき，子どもは誇らしい気持ちになっています。その気持ちをしっかり受けとめた言葉かけをすることが大切であり，正しい文字を書くように指導したり，何を書いているのかわからないなどと言ったりすることは子どものやる気をそぐ結果につながります。

③遊びのなかで文字を使う

　自分たちで進める遊びのなかでは，文字が活躍します。看板やチケット，招待状などです。何枚ものチケットに繰り返し「にんぎょうげきじょう」と書きながら，少しも根をあげません。簡単にすませよう

[写真5-11] 廊下にはり出されたピザやさんのお知らせ

という気持は全くないようです。何枚も書くことを通してチケットをつくる喜びを感じているのでしょう。遊びのなかで文字を使う姿は，他の子どもの刺激となり，文字への関心を高めるきっかけとなります。生き生きした遊びが展開されることが重要です。

④文字で伝えることを楽しいと感じる

　文字に慣れてきた頃には，手紙を書いたりお話をつくったりする姿が見られるようになります。文字数は決して多くはありませんが，自分で書いたということが大きな喜びになっています。

　この頃に，鏡文字や形が違うなど文字の癖がついていないかよく実態を把握する必要があります。話したり聞いたりしている音をそのまま文字にするため，「で」を「れ」と発音していた子どもは，「そうです」と書くところを「そうれす」と書いていたことがありました。子どもの書いているものをよく見て実態を把握し，書く喜びを大切にしながら，必要に応じて助言することが必要です。

❷文字への豊かなかかわりを育む援助のポイント

①正しい文字と出会える環境

　子どもの身の回りには，さまざまな文字があります。ロッカーや靴箱などに書かれた自分の名は，毎日繰り返し見るものです。見ることから多くの刺激を得ているわけですから，保育者は丁寧に美しい文字を書くことが大切です。

　さまざまな字体の文字がありますが，子どもの目に触れる表示などは，正確で明確な字体の文字を選ぶようにしたいものです。

②自分なりの試しができる時間，場

見ることを通して蓄えた刺激を，試行錯誤しながら外に表していくのには時間が必要です。自分なりの試しができる時間や場所を十分保障するようにしましょう。

③文字を使いながら遊ぶ経験

ごっこ遊びのなかでは，文字を使う体験が多くあります。必要感から出発することが大切だと考えます。

文字を使った遊びとしては，カルタづくりがあります。短い文を考える，というのは年長児に適した課題になります。2～3人で製作すると，書ける字がそれぞれ違っていて，「『る』はわたしが書くよ」

図5-2　子どもたちがつくったカルタから

「『と』は書けるよ」と，協力して取り組む活動になります。
④一人ひとりの実態を的確に把握する保育者のかかわり

　これまで述べてきたように，文字への関心の度合いは個人差が大きいものです。文字の癖も含めて，一人ひとりの実態を的確に把握することが非常に大切になります。

　幼小の接続という意味からも，文字への豊かな関心を適切に育てていくことは，幼児教育の果たすべき重要な役割です。保護者とも連携をとり，取り組んでいくことが必要だと思います。

さらに学びたい人のために

- 菊池好江『みて！きいて！わくわくするよ紙芝居』学事出版，1995年
  紙芝居の魅力や演じ方のポイントについて具体的に学ぶことができます。紙芝居の豊かさ，奥深さを学びましょう。
- 松井るり子『絵本いろいろお話いろいろ』学陽書房，1994年
  絵本についてのエッセイです。絵本を介して豊かな時間がつくられていくということがわかってきます。
- 相田みつを（書）・佐々木正美（著）『育てたように子は育つ』小学館，1999年
  心を打つ言葉にふれ，感性を磨くことにつながる本です。人間理解が深まり，言葉の重さの自覚が高まっていきます。
- 福島　英『声がきれいになる本』中経出版，2007年
  保育者の声は子どもの心に大きな影響を与えます。豊かな声を手に入れる具体的なアドバイスがたくさんつまっている本です。

演習問題

1. 子どもの様子を観察し，子どもが自分の気持ちや思いを，体の動き，表情，言葉などの手段を駆使して表していることについて記録し，話し合ってみましょう。また，子どもの思いと表現していることの関連について考えてみましょう。
2. 絵本や紙芝居について教材研究をし，観客と演者の役を交替でとりながら，読み聞かせの体験をしてみましょう。

第6章 領域「言葉」と実践上の留意点

　言葉は生活すべてに，しかも連続した状態で私たちにかかわってきます。そこには聞くこと，話すこと，そして書くことや読むことにいたるまで，多角的な視点から臨まないと子どもとの間に，さらには保育の目的に，そして何よりも子ども達の生活そのものにさまざまなズレが生じてしまいます。

　社会の背景や子どもが変容していくなか，常に「実態に即して」とか「計画は今ある子どもの姿から」が実践のベースになります。幼稚園教育要領や保育所保育指針が告示である以上，そうした法的根拠のもとで，その内容を取り扱うのは末端の保育現場です。理論的な解釈はできていながらも，実践でバランスがとれないのでは「だれのための保育なのか」「何のための保育なのか」と，その必要性が揺らいでしまいます。

　本章では保育内容「言葉」の領域での実践上の留意点という，言わば総合的かつ最前線の営みであることを考慮しながらも，自由度が高く，それでいて基本線を見失わないような保育の姿勢，直面する課題などを考えてみたいと思います。

AくんとBちゃんの
あいさつ
どっちが
望ましいと
思う？
あいさつは要領や
指針でも奨励してるし
Aくんじゃない？
おはよーっ
Aくん
Bちゃん
……
拡大してみたら
どうかしら？
うわー 微妙…
あいさつは？
ママ
お・は・よ・う‥

第1節 言葉を交わす喜びが基礎になる

❶まずは安定した自分づくり

　午前中の早い時間帯，保育所や幼稚園（以後「園」と表記）を訪れてみると，園内いたるところで賑やかな子どもたちの話し声や歓声が耳に飛び込んできます。登園して間もない朝のひと時は，「見通し感」をもって園にやってくる子どもたちにとって，一日のスタートにふさわしいゴールデンタイムとなります。そこでは「昨日の続きがすぐにしたい」「○○ちゃんに一番に会いたい」「今日，先生はどんな話をしてくれるだろう」などと，子どもの数だけ，場面に応じた，それこそかけがえのない期待や目的感，そして好奇な空気が満ち溢れています。保育室をはじめ，遊戯室，そしてさまざまな室内遊びのコーナー，戸外においては園庭の大型遊具や砂場に代表される皆が集う遊びの場，芝生の広場や雑草園，小動物の飼育や植物の栽培コーナーなどをのぞいてみてください。遊びの種類や活動の大きさによって，生き生きとした子どもたちの躍動する空気が感じられます。

　しかし，こうした日常的な生活の「当たり前の流れ」ができるまでには，園や家庭が，それぞれに相当なエネルギーを費やしたり，子どもが子どもとしての自分づくりをしていく過程があります。

　とりわけ新年度当初の様子を思い浮かべてみましょう。歓声と一緒に泣き声だってたくさん混じっています。表情や仕草，全体の動きにも落ち着かない様子が伝わってきます。期待と不安が同居し，一人ひとりの席や所属する学級，担任の保育者の存在はしっかり保障されていても，自らが安心できる生活をまだまだ確保できない状況があります。しかしどうでしょう。そうした状況が月日を重ねるごとに次第に変化していきます。いつしか，朝必ず「お母さんがいい。幼稚園行かない」「早く帰りたい。ママはどこにいったの」となかなか園に馴染めず，スムースな園生活を送るまでに至らない子が，安心して家庭や親元を離れ，第二の生活場所となる園において，保育者や同年齢の仲間とともに生活を送れるようになるわけです。しかも状況は一様では

なく，上書きされながら，徐々に変化していきます。つまり家庭，特に親子の愛着がとりもつ関係が，それに代わる保育者との信頼関係となって子どもの心や意識のなかに位置づけられるようになっていきます。環境に馴染んでいくことは安心や安定を自分のものにしていく過程で切り離しては考えられないことです。

Episode 1 「お母さんに電話して！」（3歳児4月の場面）

　3歳A児は入園式から毎日毎日，泣きながらの登園が続いていました。一人っ子であり，これまで大人のなかで十分な言葉のシャワーを浴び，たっぷり愛情を受けて育ってきたものの，いざ入園してみると集団での生活環境に馴染めません。それどころか日を重ねるごとに母子分離が困難になる一方でした。さすがに1か月2か月と続くと，この子は泣いて登園することが日課であり，こうした状態こそ，この子の安定した朝の姿なのではないかとの憶測までされそうでした。どうにか母親と別れて園に身をゆだねてきても，安定した居場所は保育室ではなく常に職員室でした。担任は一日中A児についていられないので，もっぱら中心となって相手をするのは担任外の職員でした。
保育者：「どうしてA君は悲しくなってしまうの？」
A児：「お母さんがいなくてさびしい」
保育者：「お母さんは，またA君をお迎えに幼稚園に来てくれるのよ」
A児：「すぐ，お母さんに電話して！　番号は○○○—○○○—○○○○」
保育者：「すごいね，番号まで知ってるんだ。○○○—○○○—○○○○に電話をかけてお母さんにお願いしておくね」
A児：「すぐに電話して！」
保育者：「今，お母さんに『行ってきます』したばかりだもの，まだお母さんだってお家に着いてないから後でしてみようね」
　涙を流しながらも本人はうなずいて返します。
A児：「一番に来てって言ってね，一番にお迎えに来てって」
　その後やりとりは続き，しばらくして受話器を手にした保育者は，その番号を口にしながらダイヤルをプッシュするふりをします。
保育者：「□△さんのお宅ですか。こちらは幼稚園ですけれど，A君がお母さんに一番に迎えに来てほしいそうです。よろしくお願いします」
　こうした架空の電話のやりとりをA君の前でしてみせました。

　職員室だけでなく，世話好きの年長5歳の女児数名もA児の様子を見に行ったり，職員室に報告しに来たり，時には見かねて連れてきたりと，次第に担任だけでなく職員室で顔を合わせる他の保育者から

第6章　領域「言葉」と実践上の留意点

もさまざまな言葉をかけてもらえる状況になっていきました。これこそ園が育ち合いの場であるゆえんであるといえます。A児ばかりでなく，入園や進級当初，環境が変わってこれまで自分を安定させてきた対象が変わってしまったり，自分を取り巻く人の環境が変化することから退行現象が出る子も少なくありません。また進級に伴う不安を抱きながらも，新入園児を気遣うことにより最年長児である生活に張りをもてることは5歳児の育ちとして大切にしてやりたいものです。

　園生活を通して，これまで周囲に頼らざるを得なかったことが次第に自分のなかでどうにかなると見通せること，そして実際に数多くの体験や機会を経て「どうにかなっていく」ことがわかってくると，生活を順序立てて考えていけるようになってきます。

　3歳児でも，園における楽しい活動，興味がもてる対象が見つかると，お母さんと一緒でなくても不安でない自分ができてきます。朝はわが子が泣いてぐずっていて，不安な思いで子どもとしぶしぶ別れる保護者もいます。そのような時はその後の生活ぶりを帰りのメモに乗せて伝えることも大切です。「日中は平気ですよ。○○遊びに夢中です。ご心配なさらないでください。○○遊びのことを本人に聞いてみてください。きっと楽しい話をたくさん聞かせてもらえると思います」。こんな家庭との連携をきっかけに，親から子どもに向けられる朝の一言が，子どもにとって意味ある，園生活に見通しがもてる援助になります。「お母さんが僕の一日を応援してくれる」ととれるニュアンスでしょうか。

　さて，先のエピソードのA児に対する周囲の理解は，「泣く事をいいかげんに止めなさい」との前提にあるわけではありません。泣きたい気持ちをそのまま受けとめてもらえて，仮想の電話連絡によってさらに納得できる形にしてもらえることは大きな意味をもちます。また言葉のやりとりだけでなく，個々への対応として手を握ってやりながら安定をはかったり，時には無条件で抱きしめてあげることなども大切になってきます。

　園が「ほっとでき，安心できる場」であることは，保育の基本です。放任であったり，強要であったり，泣かない姿を目的化してしまうことに，つい私たちは陥りがちです。しかし，実践は結果を早急に求めるものではなく，そうなっていくことに見通しをもちつつ，生活する過程を丁寧にとらえる援助，つまり「解釈する姿勢」が評価されます。

　幼稚園教育要領における「言葉」の領域では，「内容の取扱い(1)」

▶1　退行現象
　広い意味では身辺環境の変化から基本的生活習慣の自立が崩れたり，乳児期の言葉の使い方が戻ったりするなど，無意識に行動することが頻繁になります。背景にある不安や欲求不満の存在を理解し対応することが大切です。

において次のように記されています。

(1)言葉は，身近な人に親しみをもって接し，自分の感情や意志などを伝え，それに相手が応答し，その言葉を聞くことを通して次第に獲得されていくものであることを考慮して，幼児が教師や他の幼児とかかわることにより心を動かすような体験をし，言葉を交わす喜びを味わえるようにすること。

まずは人と接しながら安定した「自分づくり」ができる環境の準備が必要になってきます。その際，A児と保育者のやりとりからもわかりますが，言葉のキャッチボールに時としてユーモアが介入することもあります。それによって子どもの気持ちに寄り添ったり，気持ちの安定が促せればこれにこしたことはありません。実直さとユーモアは背中合わせのようですが，一見して不合理のような手段に，子ども理解に求められる専門性が潜んでいることも知っておきたいものです。A児は帰りの車中で母親相手に言ったそうです。「どうして一番に迎えに来なかったの？」と……。

❷「豊かさに象徴される直接体験」
——感情のオーバーフロー

Episode 2

「言わずにはいられない」（5歳児10月の場面）

園庭中かけ回りながら仲間とサッカー遊びに興じる5歳児A児が，保育者と目が合うやいなやこちらにやって来て，唐突にこんなことを口走りました。
A児：「先生！　ぼく幼稚園が大好きだよ！」
保育者：「どうして？」
A児：「だって楽しくてしょうがないよ」

額に汗しながら，真っ赤な顔でこれだけ伝えると再びボールを追いかけ回す仲間のもとへと戻っていきました。たったこれだけの会話のなかからどんな読み取りができるでしょうか。

園には気の合った友達がいて，体を思いきり動かせる場所があり，没頭できる楽しい活動が保障されています。こうした生活のなかでこそ，A児は普段から自分のことを優しく見守ってくれている先生の存在を確認できたとたん，「口にせずにはいられない感情の昂り」を

ぶつけてきたのでしょう。このように自己満足の機会を十分に得てくると，次第に周囲へ伝えたくなったり，それと同時に周囲に認められる機会が必要になってきます。以前に一人でボールを扱えるようになって満足な気分に浸ったこと，同じボール遊びで気が合って一緒に遊ぶようになる仲間ができたこと，さまざまなぶつかりがありながらも，今こうして皆と一緒に取り組んでいることが結果的に楽しいことにつながっている様子がひしひしと感じられます。

　特に表情や飛び回る姿，そして声に出すことは，何にもまして子どもが身近にできる自己表現でもあります。無我夢中で活動する様子からは，たとえ語彙力に乏しくても，文脈理解に至らなくても，内面には計り知れないほどの「わかってもらいたい」思いが含まれます。そうした満足の頂点に達している時や安心安定の気分で過ごしている時こそ，話して聞かせたい思いにかられるようです。

　自分は見守られていると感じられる周囲の温かいまなざし，子どもが言葉に出して言える，また何を言っても聞いてもらえる雰囲気，豊かな体験に裏づけられる潤いある生活，これらがバランスよく機能することで結果的に自分を表現する状況は生まれやすくなります。

　こうして考えてみると，豊かな体験のもと，感性豊かな保育者のかかわりは大きく影響してきます。場面を大切に捉え，魅力ある言葉を介して生活全般につなげてやりたいものです。言葉は日常生活のなかで徐々に幅広く育ちます。これは，言葉による表現だけを取り上げて画一的に指導することができない裏づけでもあります。

❸温かな人間関係は言葉を育む温床

Episode 3

「だってさぁ，片づけてたんだよぉー」（4歳児11月の場面）

　保育室では，帰りの支度を済ませるとＡ児とＢ児の姿が見当たりません。先ほどまで園庭の砂場で遊んでいたことを担任の保育者は2階の保育室から確認していたため，そろそろ戻って来るだろうと思っていました。
Ａ児とＢ児：「皆いなくなっちゃった。早くお部屋に行かなくちゃ」
保育者：「早く戻ってこないかなぁ。お砂場で遊ぶの好きだからなぁ」
Ａ児とＢ児：「ただいま」
保育者：「おかえり。皆，待ってたよ」

A児:「だってさぁ，片づけてたんだよぉー」
保育者:「ありがとう。皆も待っているし，お母さんも迎えに来るから，お帰りの用意しようね」
子どもたち:「先生さようなら。皆さんさようなら」
　　担任は副担任から2人が最後まで砂場の道具を片づけていた報告を受け，先ほどのかかわり方で，2人の気持ちをもっと汲んであげるべきだったと自らの保育を評価・反省。帰りの時間が気がかりで内面理解が浅かったこと，十分に応えてあげられなかったことへ省察をめぐらし，まだ玄関先にいる2人にきちんと接しておこうと考えました。
保育者:「A君，B君，さっきはごめんね。ゆっくりお話きいてあげられなくて。お片づけいっぱいしてくれたんだって？　2人がいないから心配してたんだよ」
A児とB児:「うん」
保育者:「またお願いね」
　　翌日，クラス全員のなかで
保育者:「昨日，A君とB君がお部屋に戻ってくるのが遅かったでしょう？皆がお部屋に戻ったのを知っていたから早く行こうと思っていたけれど，お砂場の道具がたくさん出ていたから，片づけてから戻って来たので遅くなってしまったんだって。皆はどう思う？」
子どもたち:「えらい！　すごい！」
保育者:「A君，B君，偉かったね」
保育者:「もし，道具が出っぱなしだったら皆はどうする？」
子どもたち:「片づけたほうがいい。大切に使える」
保育者:「今度，気がついたら皆もお願いね」

　2人は保育室に戻ってくるのは決して早くありません。しかしクラス全体から認められたことで生活に張りがもて，自信につながったためか，積極的に片づけを行っています。特にA児は自分のことは後回しで，落し物を拾い集める役を率先してするようになってきました。1つずつ記名を読み上げ，友だちに渡している姿に担任も感謝し，友だちからも「ありがとう」と喜ばれています。その後，A児に限らず，落し物があると持ち主に届ける子どもが増えてきました。
　結果的に2人にとって砂場での後片づけは日課となり，楽しく遊び切る証のように見て取れます。つまり皆がしない後片づけを僕らがしてきたから遅くなってしまったという「正統的な解釈」も含めて言葉にしてきます。まだまだ自己中心的でありながらも，周囲から自己を否定されることに対して弱いのも幼児期の特徴です。まず保育者が集

団を構成している一人ひとりの子どもの気持ちを受け止め，子どもの言動から内面の読み解きをし，相手を思いやる言葉を添えることで，その行為を受ける子ども側にも同じ気持ちが育まれていくということです。これは日々の生活を繰り返すなかで少しずつ伝わるものですから，一斉的に投げかける言葉のなかで急に育つものではありません。保育者の配慮として，ゆとりある気持ちで，一人ひとりに丁寧に接し，生活の自然な流れと時間的な概念を考慮して行うこと，そして何よりも子どもの意を汲んで進める幅をもった計画性が求められます。

　よく子どもに向けて「自分のことは自分でしよう」と投げかけることがあります。ここでは自分のことができたら友達にも手を貸してあげるような暗黙の了解ももち合わせています。協力するとか相手を思いやることは共通の体験という基盤があって実現可能となるのです。また「子どもは待ってくれない」と言われます。その時，その場面を絶好の機会として活かしていくことも大切です。そこに添える保育者の言葉にしても，それがその場に最もふさわしい「生きた言葉」になってくるためです。つまり対話にも「一期一会」はあるわけです。ここで言葉を育み，気負わずお互いが認められる雰囲気づくりをしていくためのポイントをいくつかあげてみたいと思います。

　① 信頼関係が築きやすく，好意的な対話の場が多いこと。
　② 自由な表現で，一人ひとりのもち味が発揮できる場であること。
　③ 集団生活を送りながらもリラックスできる場であること。
　④ 言葉の面での発達の個人差が保育者の介入で調整されること。

　しかし，上記の視点は，言葉を育むためだけの条件ではありません。つまり，言葉を通して子ども理解を深めたり，さらに言葉を育みながら，幼児の生活がどうあるべきかを問う視点でもあるわけです。

第2節 生活のなかで必要なあいさつをするとは

❶誰も希薄な人間社会を望んでいないのに……

　勤務の始まり，「おはようございます」の言葉を交わし合い，出勤

簿に向かって自分の印を押す「今日もお世話になります」という思いをこめた行為，どちらも日常のあいさつに変わりありません。これこそ気持ちよいかかわりや心地よさを期待する意識の現れでもあります。

　近頃では社会全体の動きのなかで「朝のあいさつ運動」など，さまざまなキャンペーンが行われています。人間関係が希薄にならないようにとの，きっかけづくりとして，日常的かつ，身近な取り組みでもあります。気持ちよいあいさつが飛びかったり，屈託のない言葉を掛け合ったりできる状況は，社会として目指す姿でしょう。

　しかし，あいさつが人と人を結びつけるものでありながらも，園生活は決して子どもたちに向かってその実現を呼びかける場ではありません。一体感に通じる芽生えや意識を長い園生活の期間全体にわたって子どもたち自らが気づき，知って，実現していくところです。

　それだけ子どもに限らず集団生活を送る上で，あいさつはコミュニケーションの力を培うために大切な役割をもちます。相手があってされる「言葉の営み」です。さまざまな人との出会いに応じて関係を取りもったり，集団活動における節目や切り替えの目安となったり，また話題が核心に入るときの口火を切る役割を担ったりします。

　しかし，家庭や地域をはじめ，子どもの生活環境において，モデルとなる大人でさえ言葉を交わし合う機会が減ったり，その必要性が薄れたり，交わす言葉そのものが画一化されたり省略されたりしがちな状況も多くあります。つまり，なかなか意識しないと交わされない，形式ばかりが先行してしまうなど，自然な表現方法で行われなくなってきている実態があるように思います。また交わすことの気持ちよさ，発言する必要性に気づけないと，関係性の豊かさを自分から断ち切ってしまう状況をつくってしまうこともあります。

❷幼児期における「あいさつと潜在意識」

　子どもとあいさつの関係を考えてみると，比較的短い言葉のやりとりが多いことに気づきます。またあいさつを生活習慣として定着させるには幼児期ほどふさわしい時期はありません。つまり子どもが遭遇する言葉として，体験できる機会が多いだけに無理なく自然体で理解できます。本来，使いやすい言葉のやりとりであるため，吸収しやすく定着しやすい面もあります。そして自分のなかに定着してくるにしたがって，あいさつを交わすこと自体，「遊び」同様に，それそのも

のが「目的」的ではないことを知っていきます。一人ひとりにとって,「交わした結果,何かが残るもの」となっていきます。

つまり,子どもにとってあいさつは次の観点からとらえられます。
【自発的であり,自分に返ってくる行為】

儀礼的であっても,また,個人であれ集団であれ,かかわり方に違いはあっても,まず一人ひとりが発したい,使ってみたい欲求があって交わされることが大切でしょう。園生活では初めて体験することが多い分,あいさつにおいても使われる場面や場合を徐々に知っていきます。そうした豊かな体験をいかしながら,ここではこんな表現が必要だとか,返事はこうしたいという習慣レベルを高めてやりたいものです。いつでも一方的に強いられた方法でしかあいさつができないようでは本来の気持ちよい関係,自分を出したい効果は期待できません。
【和やかなムードで無意識のうちに交わされるもの】

その行為自体,自然で気楽に交わされる特性を考慮し,理屈ぬきで実行される要素を含みます。親しい間柄で目が合った瞬間に行われたり,確認や合図として行われたりするなど,生活習慣として,そのいくつかでも定着させておきたい時期が幼児期でもあるわけです。
【総合的な能力や感覚を表出する手段】

社会性や道徳性は,人が生涯にわたって限りなく高めていくべき能力です。お互いが目を合わせながら,手をとりあいながら,抱き合いながら……と,その時の感情だけでなくその場にふさわしい表現が自然な態度でなされます。たとえ言葉は適したものが選ばれて使われていても,表情や仕草,相手に対しての態度などがその場にふさわしい形でバランスよく伴わないと意味ある行為として効力を発揮できません。教えごとではなく,幼児自ら状況が判断でき,結果的に礼儀や躾も自分のものになっていくことが大切なのではないでしょうか。

さて入園前,子どもたちは家庭を中心に「名前を呼ばれたら大きな声で『ハイ』とお返事するのよ」と,往々にして無条件で吹き込まれているようです。

しかし園においては,この行為に戸惑う子どもも多いようです。名前を呼ばれて「ハイ」と返事をするにも,家庭での愛称や独特の呼称で自分が呼ばれるのに対し,園ではそのままの名前で呼ばれることが多いため,普段と違った呼びかけに自分に気づかない子がいたりします。それが自分だと気づいても,子どもにとっては,ここがどんな所

なのか，自分を呼んでくれる人がどんな立場の人なのかを園生活を深めながら徐々に理解していきます。1年，2年と集団生活を経験している園児にとっては，園における，○○君，△△グループさん，○○組さん，年長さん，□□幼稚園のよい子の皆さん，など，個人としての自分から組織集団のなかでの自分の立場や存在を，こうしたやりとりから理解していきます。

「クラスに同じ名前の友達が2人いるから先生は，ぼくを○○タカシくんて呼ぶし，もう1人のタカシくんは□□タカシくんと呼ばれる」，これが生活のなかで定着することは，子どもにも保育者にも「1人には1つのきまった名前があり，どれもかけがえのない大切なもの。一人ひとりを大事にし，個人を尊重していくこと」を暗黙のうちに理解していきます。

また同じ「タカシ君」でも，そのとき保育者はどんな気持ちで，どんな表情でタカシ君に向き合うかによって，タカシ君本人にとっては，褒められる自分，何か注意される自分，何かを聞かれる自分など多様な気持ちの違いを自覚化します。つまり，あいさつは呼名も含め短く，瞬間的に交わされますが，多くの感情体験でもあるわけです。

❸生活を見通せる力を培うきっかけ

朝の「おはようございます」を例にとって考えてみましょう。ほとんどの子どもは，その日の最初の「おはよう」を家庭における親子の関係で体験します。1日のスタートであり，日課であり，まだ言葉をしゃべらない時から耳にしています。愛着関係のなかで交わされるものですので，子どもにとっては園で使われるあいさつ言葉として，「ああ，ここでもか」と自然に受け入れられると思います。朝，園の入口で，先生とお母さん，そして自分と先生の間にそれぞれに同じ「おはよう」が交わされることで，その日の始まりが確実なものとなり，「今日も1日よろしくお願いします」という意味を体感するでしょう。その日の体のコンディションによっては，「今日はあまり気分がすぐれないようです」「平熱より高いようですが，本人は元気ですので，体調に変化がありましたらご連絡ください」など，見通しをもって生活を送る上で，あいさつが交わされる環境は子どもにとって大きな意味をもちます。

その日，初めて出会う者どうしが共通の「おはよう」で昨日までの

関係を復活させます。真っ先に昨日の遊びの続きが始まる子にとって,仲間と一緒に取り組む合図が「おはよう」であったりします。親しい間柄においても,省かずに目を合わせながらできる指導を心がけたいものです。それは心を通わせる上で,「コミュニケーションの力を得るための種まき」でもあるからです。

しかし気軽に交わされるとはいえ,出迎える時の一対一の関係では子どもは特有なその子なりの表現をしてきますから,「元気に,大きな声で」ばかりを強要せず,寛大な気持ちで応じるゆとりが受ける側の配慮として欠かせないでしょう。

Episode 4　朝のムードメーカーとして（登園時の場面）

保育者:「おはよう,ゆりちゃん」
母:「先生に,朝会ったら何て言うんだっけ?」
ゆり:「ちいさい声で,お・は・よ・う」
母:「最近,反対ことばに興味があるようで,何でも反対なんです」

「大きな声で言わないと聞こえないよ」など,ここでこうした指導が行われた場合,反対にあいさつをすることに気が引けてしまったり,せっかく登園の楽しい雰囲気が崩れ,あいさつとなるとブツブツ言われる,やるせなさがいつの間にか生まれることにもなりかねません。

また,他の場面では,廊下で居合わせた保育者から「○○ちゃん,おはよう。少しお熱があるんだって? もし気持ちが悪くなったら,いつでも近くの先生に言ってね。今日はお部屋で静かに遊んだほうがいいかな?」と,投げかける言葉の前に呼称や短いあいさつ表現がつくことが保育の場面ではよくあります。自分の体の様子を朝の待ち受けてくれた先生だけでなく,他の先生も気遣ってくれている状況を知ることができ安心して1日が出発できます。

保育者:「もう皆さんはお友だちや先生とたくさんの『おはよう』をしましたね。皆がそろったので,たくさんの元気な声がもう一度聞きたいです。おはようございます」
子どもたち:「おはようございます」

このように園内においては,「自分や自分たち」,「先ほどと今」,「あっちとこっち」と言った具合に「あいさつ言葉が幅をもって機能

していること」を子どもたちは親しみをもって取り込んでいきます。そして，どの場面を通じても，集団生活での一体感を感じとっていくようです。

また，食事における「それではどうぞ，召し上がれ」「いただきます」，「おいしくいただけましたか？ 食べたあとのごあいさつをしましょう」「ごちそうさまでした」，さらには，降園時における「先生，さようなら，皆さん，さようなら」，園外保育で他の施設を訪れたときに，外部の方と交わす「こんにちは」「よろしくお願いします」「おせわになります」など，皆が一緒に活動を共有する時の意味づけとなります。

年間200日以上の保育日が確保されるなか，こうした直接体験の連続は基本的生活習慣や言葉を獲得する上で絶対的な機会となります。必要な時間が確保され，必然的な生活の流れができ，さらにメリハリが生まれ，それが自然の形でつながっていくときに，共通の言葉を介しながら次第に協同を意識していくようになります。

❹お互いが向かい合える気持ちよさを求めて

さてこうした習慣や活動，生活の流れに添わせるあいさつ表現のほかに，自分の感情レベルにおいて，自己判断が伴う「ありがとう」があります。遊びの場面を中心に，物の貸し借りや，物をもらったとき，自分が明らかに恩恵を受けたときやさまざまな手助けをしてもらったときなど，頻繁に耳にする言葉です。たとえ偶発的であっても，相手から自分に対して行われた行為とそこで得られた感謝する心の動きを体験することで，自発的に，そして自然に出るようになっていく言葉です。

乳児期や幼児初期では何でもしてもらうことが当たり前であって，意識しなくても，その行為に甘んじていればそれ自体が表現となり，返事は求められません。しかし，5歳児ともなると，行為をする側にも，相手からの感謝の言葉を暗黙のうちに求めてくる場面が出てきます。そうした受けたり与えたりする過程で得られる喜びの感情こそ，理屈抜きで経験を積んでもらいたいものです。それだけに環境を構成し，チャンスを提供していく側である保育者に豊かな資質が求められるわけです。

また「ごめんなさい」を例にとってみても，自分が悪いことをして

しまった，相手にいやな思いをさせてしまった，という感情体験がなくては自らの言葉は生まれません。「やり取りの結果」から始まり，良かった悪かったの判断，自分と相手との心の距離，今後の場面展開など，さまざまな選択肢を含め，葛藤が生じます。幼児期は自分が非難されることに対し非常に弱いものです。その「つもり」がなくても自分がしてしまったことに対し，相手が怒ったり，泣いたり，周囲に不満を言ったりすることは理解できても，それについて自分が謝るということまでは，なかなか理解できません。それでも謝ることで相手との気まずい状況が修復でき，全体の気運がよい方向へ向いた経験を積んでくると，「ごめんね」を言える自分に自信がもてるようになってきます。

　「ありがとう」も「ごめんね」も，日常茶飯時に交わされる言葉でありながら，それが習慣化したり，自発的に使えるまでには相当な感情体験の機会を経ることでしょう。時には親や保育者から促されたり教えられて言うこともあるかもしれません。しかし，思い切って口に出してみたら，状況が好転したり，肯定的な言葉が返ってきたりするなど相手に嬉しそうな感情が生まれたことが確信できると，それは結果として喜びの共有を図れたことになります。まずは身近な生活の身近な体験を友達と一緒にするなかで，保育者や保護者がモデルとなり，共通した感情体験としてつなげてやることが望まれます。

第3節　皆の前で話をすることの意味とは

❶満足感，達成感，そして有能感へ

　園生活において，皆の前で発表したり，伝えたりする場面が数多くあります。しかし一人ひとりが持ち味を発揮し，満足感を得ていくまでには，数多くの体験が必要です。まずは人前に立つ体験，さらにそうした状況に期待感が抱けることが大切です。こうしたことからゆとりをもたないと，言葉を発するどころか，場にいるだけで萎縮してしまうことにもなりかねません。子どもにとって，その後の自信につな

げていくには無理強いせずに十分な時間や負担の少ない機会をあてがってやることが肝要です。しかもそれが楽しい活動に裏づけられるよう，日常とは少し違った潤いを与える環境づくりを実践することが望ましいでしょう。普段とは違い，緊張はするけれど，それだけに新鮮な思いを感じられる，そんな体験を考えてみましょう。

Episode 5　一年に一度の自分が主人公（誕生祝会での場面）

保育者：「9月は何人のお友達がお誕生日を迎えたか，一緒に数えてみましょうか」
　保育者が一人ずつ頭に手を添えながら皆で声を合わせて数えます。
子どもたち：「いーち，にぃーい，さぁーん……」
保育者：「はい，お誕生日のお友達は皆で10人でした。それでは，こちらの皆さんはお祝いの言葉を贈りましょう。おめでとう」
フロアーの子どもたち：「おめでとう！！」
　その後，前に出て祝われる側の子どもたちは紙の筒で模造したマイクをもち，全員の前で自己紹介することになりました。無理がなければ「好きな食べ物を皆に教えてあげて」と添えてみたりします。
A児：「○○○○です。5歳になりました。えーっと，好きなものはイチゴのケーキです」全員が拍手してそれに応えます。これが10人分ゆっくり行われ，最後にもう一度，声を揃えて「おめでとう」と唱和し，受ける側も「ありがとう」とやりとりしました。

　この日は子どもたちにとって期待感のもてる特別な日となります。個人でかかわるのと，集団としてかかわるのとでは，その目的も，参加する気持や期待感にも違いがでてきます。しかし，「皆でそろって友達を祝う」「皆がそろって自分を祝ってくれる」という相互的であり，共通の目的をもった行為です。そこに双方の立場でのかかわりが理解され，集団でつくる達成感を得ていきます。相手に話して聞かせるには，相手を意識し，話す内容があるからです。この場合のように相手が一人でなくても，多くの対象に向けて，簡単に表現しやすい身近な話題で自分に関することを話せた事実が自らの喜びとなります。

第6章 領域「言葉」と実践上の留意点

Episode 6

りっぱになった自分を見てください（3月の卒園の頃）

保育者：「皆は修了証書って言う，幼稚園で一番りっぱなお免状をもらうんだけど，ステージの上と下のどっちでもらいたいかな？」
子どもたち：「うえ！」
保育者：「どうして？」
A児：「だって気持ちいい。遠くからでも見てもらえる」
B児：「でも，ドキドキする」

　式当日，名前を呼ばれ，手を高くあげ「ハイ」。一歩前に出て，本物のマイクの前で，
A児：「ぼくはおおきくなったら，やきゅうのせんしゅになりたいです」
　その後，ステージ上にあがり，最初の登壇児であるため，クラスの代表としての自覚のもと証書を全文読んでもらいました。
園長：「修了おめでとうございます」
A児：「ありがとうございます」

　A児の真剣なまなざしと園長先生の温かなまなざしが自然な形で合います。相手の目を見ながら言葉を交わすこと，そこには成長を喜び合う心の通い合いがあることを，全課程を修了するにふさわしい一人の完成された5歳児として意識づけられるわけです。

　子どもは自分の成長とともに，「これならできそう」「こうすれば大丈夫」と確信できる判断力を身につけます。これは実体験を通し自分の成果が蓄積したものです。成果は「達成した喜び」であったり，「思う存分遊び込めた満足感」であったり，「友達と一緒にできた連帯感」のようなものから自然に湧くものでしょう。ちょっとドキドキしながら迎える新しい場面やそこでの新しい課題のもと，直面する状況に自分の経験を盾に向き合います。これまでの蓄積が無意識に再び湧き上がってくる，病気に対する抗体のような働きをするのがまさに自分に根づいた有能感です。この感情が「応用力」のような働きをして納得できる自分を呼び起こし，生活をさらに豊かなものにしていきます。

　豊かな生活はまさに「そこにふさわしい言葉」や「状況に応じた言葉」を理解していく上でなくてはならない基盤です。これこそ教えごととして身につくものではないことを心しておきたいものです。

▶2　有能感
　偶然や他者の援助などによっても得られる達成感と違って，達成の原因を自分自身に帰属させる場合に生じる正の感情であり，自尊感情が高まることが多く，再び同様の行為を繰り返し行おうとする動機づけを高めます。

❷協同的な取り組みと自分さがし

　絵本や生活の場面がきっかけとなり，それがごっこ遊び[→3]として展開し，さらに脚本化されながら劇遊びにまで発展することがあります。また教育課程・保育課程や長期計画のもとでは，言葉の発達を促したり，さまざまな成長ぶりを確認する目的で劇遊びが生活発表会の一環として実践されることも多いようです。また，これまでに何回もそうした経験を積んでいる5歳児にとっては，定期的に行われるものとして，すでに自分の生活のなかに楽しめる活動として位置づけられているとも考えられます。

[→3] ごっこ遊び
見立て，ふり，役割の要素から，子どもたちが身近な素材や友だちを介して生活や社会を遊びのなかで再現していくものです。ままごとやお店やさんごっこなどが代表的です。

Episode 7

「僕はE君のセリフ言えるよ」（5歳児12月の場面）

　代わるがわる自分の好きな役で劇遊びに興じる日が続き，役ごとのグループ練習も本格的になってきたため，クラスのなかでも見せ合う場面が出てきました。お客さんの役まで登場しはじめたことで，普段に増して張り切って演じるA児やB児，反対にC児のように緊張して，いつもより声が小さくなってしまう子もいました。
D児：「C君がじょうずになってきた」「声が大きくてじょうずだね」
と，C児は友だちに褒められ認められる機会を得ます。また，タヌキが綱渡りする場面で，長椅子の上をトコトコ歩くC児を見て，
E児：「C君，こういうふうに歩くといいよ」
と，手を横に広げてよろよろと歩いて見せました。
F児：「そうだ！　こっちのほうがいい」
　数日後，「綱渡りに平均台を使ったほうがいいのでは？」との意見も出て，長椅子を平均台に変えることになりました。当然，演じているメンバーはこれまでの経緯があるため，ごく自然に動きを楽しみ演技に拍車がかかりました。発表の1週間前，おたふく風邪がクラスで流行り，欠席者が増えました。いつもおとなしかったC君でしたが，
C児：「僕はE君のセリフ言えるよ」
と張り切りながら，欠席している友達の役もかって出ていました。発表会当日，心配していた欠席者もなく，温かい雰囲気のもと，全員が参加できました。

　こうして時間をかけ，自分にふさわしい役が主体的に決定していく過程で，自分の役に責任をもつようになります。しかし演じていくう

ちに自分の表現の弱い部分，不安な部分に気づいてきます。なかなか自分の振舞い方を自分から言葉にして周囲に尋ねるのは難しいようです。そこにもってきて友達からの意見や励ましはＣ児には幸いでした。その後，活動にさまざまな工夫がなされ進展し改善されるに従い，Ｃ児はストーリーを構成する一員として自覚が高まります。皆でつくるという協同的な作業で認められることは，クラスの一員としての認識をも抱き，さらに生活そのものに張りが出るようです。またお互いの意見が反映されやすくなることで，全体に活気も生まれてきます。

　こうした行事的な活動では，普段とは違う，日頃あまりかかわりのない子どもどうしで共通の目的に向かい，共通の体験をすることで新しい自分探しができるようになってきます。Ｃ児の場合，言葉で受けた友達からの恩恵に対し，その相手のセリフを代役として演じてみせるという応じ方をしています。結果的にはそうしたクラスの雰囲気が言葉を育む温床になっていることがここでも言えるでしょう。

第4節　絵本や物語を皆で聞くことの意味とは

❶身近な所で，身近な人と，気軽に味わえる奥深い体験

　幼児期ほど絵本とのかかわりが生活に根づいている時期はないと言われます。子どもたちの周囲には身近に手にできる絵本をふんだんに用意してやりたいものです。自分で気の向くままに絵本の世界がのぞけること，先生や家族の人に読んでもらうこと，友達と一緒に話題が高まるきっかけになるなど，その楽しみ方，そして心を動かす体験としての効果は未知数的と言われます。

　特にイメージを豊かに育みたい幼児期では，読んでもらうことが活動の中心となってきます。また仲間との共通のイメージも芽生えますから育ち合いには重要な意味をもちます。読み手や聞き手が絵本を身近に感じ，お互いの立場に親しみをもって取り組めることが大切です。施設もゆったりと静かな場所を選び，絵本の選定も上質で十分な量が

望まれます。朝の思い思いの時間や食後のゆったり過ごしたい時間などをうまく活用し，生活に密着した絵本の世界を実現することが求められてきます。また家庭においても，園における充実した状況で子どもの思いを断ち切らせないよう貸し出しなどの対応ができればなおいっそう環境づくりに磨きがかかるでしょう。

　実際に，子どもにとって園の絵本を借りやすい状態にしたり，保護者も興味をもって読み聞かせに参加できるよう，保育者との間でふさわしい方法を学び合ったりしている園も増えています。こうした周囲を巻き込んでの絵本の環境が生活経験として豊かさを招くのです。絵本はさらに広がりのある活動を生み，心に揺さぶりをかけ，さまざまな変化をもたらしてくれます。

　絵本自体が携帯性に優れているため実践場所を選ばず，もう一度見たいページがあるとすぐに戻れること，読み手と聞き手を含め，誰もがリラックスできる雰囲気のなかで行われることなど，その魅力は尽きません。子どもにとって，絵本が園と家庭を往復するパスポートの役割を果たすこともできます。

　普段慣れ親しんだ絵本コーナーにおいて，毎日新鮮で，お気に入りの内容を，信頼できる人に読んでもらえることは，子どもにとって意識が向けやすく，没頭でき，イメージも膨らみやすい環境になることと思います。一度そうした空気が自分にとって居心地のよいものと感じると，子どもは絵本の世界を拠り所の1つとして認知します。字が読めなくても，絵を見ながら話を聞き，読み手の表情や仕草，抑揚などから素話とは違ったイメージを抱きます。これが「絵を読む」と言われる行為です。

写真6-1　絵本の読み聞かせはイメージを共有できる場

❷実体験とイメージの相互乗り入れ

Episode 8

➡4　灰谷健次郎（作），長新太（絵）『ろくべえまってろよ』文研出版，1975年

「先生，こわいお話だったねぇー」
──さまざまな感情が交錯する世界

　3歳児クラスで『ろくべえまってろよ』の絵本を読みました。読み始めはしばらく黙っていました。主人公は小学生の子どもたちです。子犬が穴に落ちているのを見つけ，助け出そうといろいろな方法を試してみますが失敗します。通りかかった大人に助けを求めますが，関心を示してくれず去ってしまいます。このあたりまでくると感情移入がされ始め，いつしか自分なりに思いを巡らしてくるようで，表情が変わってくるのがわかります。絵本の世界に入り込み主人公になっているのでしょうか。
A児：「網をもってくればいいんだよ」
とポツリ言います。話は続き，周囲の子どもたちは黙って聞いています。
B児：「あれ，ワンワンが目をあけた！」「ああ，落ちちゃう……」
　シーンとしたなかで，つぶやきが聞こえます。不安げになったり，安堵の様子を見せたり，子どもたちの表情がさらにいろいろ変化していきます。ようやく子犬が助け出される展開となると，緊張が一気にほぐれ皆の肩から力が抜けていくのが伝わってきます。思わずC児が言葉を発します。
C児：「先生，こわいお話だったねぇー」

　こうして読み聞かせをしてみると，子どもたちは絵本の世界に引き込まれ，いつともなく主人公に近い立場に身を置いていくようになります。途中，「ああすればいい……，こうすればできる……」と，過去の自身の体験と照らし合わせながら場面解釈しているようです。
　A児の「網ですくう」は，以前に何かをすくってみた経験があることが考えられます。またB児の「目をあけた」からは，以前にB児が家で猫をかわいがっていた姿と連動してきます。C児の「こわい」は，絵そのものから受ける印象そのものです。
　絵本を通して子どもたちとかかわってみると，それぞれの経験が絵本の面白さに拍車をかけてきます。『しろくまちゃんのほっとけーき』のページをめくるとじっと絵に見入った子がよだれをたらして，口をもぐもぐして噛むふりをしています。類似した小さな体験さえあれば，現実と空想の間はいくらでも行き来できるようです。この往復が感情

➡5　わかやまけん『しろくまちゃんのほっとけーき』こぐま社，1972年

や感性を豊かなものにしていることでしょう。

　ある園でこんなこともありました。皆で飼っていたウサギが元気ありません。さっそく当番の何人かが先生と一緒に動物のお医者さんへ連れて行こうということになりました。『ねずみのおいしゃさま』の絵本を読んでもらったこともあるので、「それがいい」ということで話は進展します。体調はそれほど悪くなく、栄養剤を注射して当番たちは園に帰ってきました。留守番していた仲間は安心したようでホッとしています。しかし当番たちは決して嬉しそうではありません。何かピンとこない表情です。どうしたのか尋ねてみました。すると「お医者さんは動物でなくて人間だった」ということでした。

　園生活は皆と一緒に同じ空間を共有しながら見て聞いてワクワクすることの連続です。未知の世界はイメージそのもので組み立てられていてもおかしくありません。まだまだ現実とイメージ、自分が自分であるということにも未分化である実態をしっかり受けとめることで、子どもが子どもらしく豊かさを体験している最中であることがよくわかります。

➡6　中川正文（作），山脇百合子（絵）『ねずみのおいしゃさま』福音館書店，1977年

❸共通の絵本を通した協同的な思考

Episode 9

『かわいそうなぞう』に感動しちゃった
──友達と一緒にじっくり味わう

　5歳児組を相手に2月のある日、大型絵本『かわいそうなぞう』を読みました。シーンと静まりかえった雰囲気からこれから始まる期待や聞く姿勢がすでにこの場から感じ取れます。そして読み終わってからも誰一人としてそこを動こうとせず、静けさが続いています。保育室ではないお話の部屋での読み聞かせであったため、「お部屋に戻って帰る支度ね」と促されてやっと立ち上がった子どもたちです。その部屋から出る時、A児が「ぞうは殺されたくなかった。飼育係の人も殺したくなかった。戦争やめてくれと言っても敵はやめなかった」と涙をふきながら話してくれました。

　次の日、「『かわいそうなぞう』に感動しちゃった」と言う子どもたちの会話を拾ってみました。
B児：「ぞうがかわいそう。何で爆弾落として人を殺すの？」
C児：「かわいそうだった」
D児：「何がいけないかと思ったら、戦争がいけないと思った」
E児：「爆弾落とすと嫌だ」

➡7　土家由岐雄（文），武部本一郎（絵）『かわいそうなぞう』金の星社，1999年

> F児：「皆，殺したくなかったけど，命令でやったんだね。かわいそうだった。これほんとうの話なんだよね」
>
> と，本を抱きかかえるように保育者の傍らに寄ってきました。そして，
>
> F児：「檻のなかで倒れて死んだところが一番感動しちゃった。また読んで！」
>
> と催促され2度目を読みました。そして数日後，3度目を読みました。
>
> G児：「ほんとうにかわいそうだった。戦争が悪い」
>
> と訴えてくる言葉に促されて……。

『かわいそうなぞう』は，大人が読んでもらって涙を誘うほど，老若男女問わず親しまれている絵本です。客観的判断から戦争はよくないことであると理解しながらも，「なぜどうしてか」が体感的にピンとこないのが現状です。しかし，これまでに園内で飼育動物の世話をしてきたり，小動物の死に直面したり，またさまざまな葛藤体験をしながら園生活を送っている5歳児のこの時期ですと，文脈の理解が可能となってきます。戦争は許せないけど，ぞうたちを死に向かわせた飼育係に対しての思いは「許す，許さない」の範疇ではありません。「……命令でやったんだね。」という言葉上の判断からしても，子どもたちの心の動きは感じられます。感情の高まりさえ読み取れます。当然，言葉に置き換えられない部分がさらにあるだろうと推察できます。ただし，僕だけ私だけでなくこう思っている友達がまだたくさんいることの理解，同じなんだけど，○○ちゃんはこう言っているなぁという，周囲の言動にも気を配れるようになります。また読み手は，子どもたちの反応を感じ取り，「余韻」にも配慮します。ゆっくりと感情をかみしめる時間を保障してやることは，心を動かす体験がしっかり根づくための「養生」となるわけです。

第5節 言葉に対する感覚とは

❶同年齢だからこそ感じ合える

家庭では味わえない体験の1つに「同年齢の友達集団」のなかに身

を置くことがあります。これは園の役割でもあり，3歳頃から外に友達を求めるようになる子どもの特性に基づくものです。実際に園でも同年齢の子どもでクラス編成するのが一般的です。それは幼児期にふさわしい言葉の獲得から考えても次のような理由があげられます。

・幼児一人ひとりは成育歴や個性の違いがあるものの発達の目安を設定すると同じ程度の育ちがうかがえ，保育者が対応しやすい。
・園生活においても，対等にモノ・人・現象関係の機会を与えられるため共通の話題性に長けてくる。

こうした保育を進めていくうえでの意図的状況がありながらも，言葉や運動能力などには，同じ年齢であっても個人差が生じてきます。その「差」を自分たちの思いで公平なものにしていこうという経緯を言葉のやりとりから探ってみたいと思います。

Episode 10 「わたし達ちょっと待ってあげたんだよ」（カルタ遊びでの場面）

　4歳児3月，お正月以来カルタ遊びが広まり，すっかり園内に定着しだすと，生活のあらゆる場面でカルタの言葉が出てきます。水栽培のヒヤシンスが咲けば「いいかおり，お部屋で咲いたヒヤシンス」とか，「菜の花を摘んで母さんにプレゼント」と，畑で咲いていた花を摘みながら口ずさんだり，いたるところでポロポロと言葉が出てきます。

　そんなある日，保育者が読み，5人1組となってやっていたクラスでのカルタ遊び。A児が思うようにとれなかったのでしょう。プイっと顔をそむけてしまいます。

B児：「ねっ，ねっ……」と何やらA児の顔を下からのぞき込むように同じグループのB児が話して聞かせようとしています。グループの仲間も2人の様子を見守っています。しばらく間があって，

B児：「いいよ，先生，もう始めても」の一言で全体が再開されます。この間，どんな展開があったのだろうと感じつつ，保育者は札を読みあげます。他のグループの「ハイ！」と元気に札をとる声を聞くなかで，一呼吸おいて，A児が「ハイ！」と言いながら手を1枚の絵札に伸ばします。その時，A児のグループの4人から一斉に拍手が起きました。A児は4人の顔を見てニコッと微笑みながら，ゆっくり札を自分の前におきました。

C児：「先生，わたし達ちょっと待ってあげたんだよ」と小声で保育者にだけ聞こえるよう，説明してきました。

保育者：「そう……」と納得する思いで応じます。A児のために取りやすいような状況づくりをしたんだなぁと思いました。その後，遊びを進めていくと，ある規則性があることに気づきます。3回に1度の割合でA児のための配慮

が行われたと思うと，残り2回は自分たちも真剣に臨んでいるのです。時々「あー」と残念がってみたり，「やったぁー！」とグループの皆が喜々として取り組んでいる様子が伝わってきます。しばらくこうしたやり取りが続き，A児も軌道にのってきて平常の遊び方となっていきました。最後になって，
B児：「先生，ぼく達，<u>ちょっと手加減した</u>んだよ」とこれまでの経緯を説明してきました。

　話し合いがあんな短い時間のなかで行われていたのでした。他のグループからは「あー，一緒になっちゃった。ジャンケンポン！」など元気な声が飛び交っています。こちらはこちらで1枚に何人もの手が伸びてしまったことへの「対策」ともとれます。

　園でするカルタ遊びと家庭でのそれとは違った意味がでてきます。特に家庭では大人との関係において，たいていは自分の思い通りになります。本人がとれるまで待ってくれたり，目くばせでその場所を示してくれたりします。しかし園では互いに自己を主張するため，ゆくゆくはぶつかり合いとなってしまう場合もあります。同じ年齢同士の間では自分の思うようにならない状態が多くあります。その解決のためには，それを受け入れ，自分の気持ちや行動を調整することが必然的に求められます。それに気づき，打開のための方法がでやすいのが遊びの世界です。カルタ遊びには聞く力やイメージする力，そして反射的な運動能力も伴います。しかし，言葉を育む環境を考えると，カルタそのものより，こうしたグループで遊ぶ体験そのものから得られることに意義があるようです。

❷ニュアンスと概念

　微妙な感覚を適切な言葉表現にしていくことはかなり難しいことです。大人でさえも愛らしいものを目にしたり，小さいものを前にすると，まず「かわいい」と瞬間的な言葉が生まれます。その後「どうかわいいのか」が後追いで補足表現されていきます。その体験を共有している仲間にとっては，まずは第一印象の言葉表現がその場を切り開き，補完していく表現は，その場の誰もが「かわいい」と認めたことを前提に，自然な形で話題性を高めながらふくらんでいきます。

　しかし子どもの生活では，こうした幅をもつ「言葉からくる概念の理解」はそれに伴う行動の制御が困難なこともあり，場面ごとの指導

を通し，長い目で見ながら育んでいく必要があります。次第に生活範囲を拡大していく子どもたちには，抽象化された言葉を理解することが思いを形にしていく大切な力となっていきます。

　先のエピソードのなかでは「ちょっと～」という表現で出てきます。最初の<u>「ちょっと待ってあげた」</u>からは，相手を思いやる行為として認めてはいるのだけれど，「待ってやるんだから，早くとれるようにしてもらいたい」という願いも込められます。それとあわせて，一人の読み手でいくつものグループが同時に遊んでいるのだから，他のグループのことも考えていかなくてはとの，関係性を意識しているようです。また，<u>「ちょっと手加減した」</u>からは「A児だって軌道に乗ってくれば自分たちと同じにできるのだから，それまでの間ペースを合わせたい」ことが含まれているようです。「本気で手加減する，全部A児にとらせる配慮ではないこと」が十分感じられることから，友達が同列上にあってこそ対等に競い合いが楽しめるんだという予測がされます。かけっこ競争の前に横一線に並んで「ヨーイ・ドン」を待つとき，なぜ線があるのかを暗黙の約束として承知していく，そんな心の動きに似たものが感じ取れます。

　実際にカルタ遊びはとった枚数も興味の対象です。ここでは多い数が優位となりますが，かけっこ順位では少ない数値が優位です。言葉や数値が示すことはこうしたさまざまな状況の直接体験があって次第に概念となっていきます。

❸思いと行為の狭間で生きる「言葉の役割」

　再びカルタ遊びの例にもどりましょう。「いいよ，先生，もう始めても」のB児の言葉からは「これまで問題があって相談していたけれど，話し合いで課題が処理できた」との内容説明が感じ取れます。そこには異なった状況を前後に挟んだ言葉の役割が存在しています。

- 遊んでいたら，楽しく遊べない仲間が出現した。なだめてみるが，なかなかうまくいかないことが全体に伝わる。
- 暗黙のうちにA児の問題からグループ全員の課題が生まれる。
- 自分たちの規範づくりで対処していく意向を言葉によって自覚化。
- 周囲に対して再開の合図と同時に，待ってくれたことへの感謝の意思表示。

　こうして見ると，一人の一言が全体を修復していく役目を果たすこ

第6章 領域「言葉」と実践上の留意点

とがわかります。再び訪れる静粛で少し緊張感が感じられる雰囲気。
　保育者の「静かにしましょう」がなくても，こうした子どもたち自らが「静かにできる」ことは，保育の目指すところです。実践では保育者は自らの願いをついつい言葉で繰り返しがちです。しかし，子どもたち一人ひとりの思いを伝えつつ，周囲が共感できる空気に満たされることに力を注ぎたいものです。これまでの経緯を踏まえ，それに合わせて皆でしてきた目的ある行為をいったん振り返るときに言葉は能力を発揮します。保育者が言葉に託す願いがどう子どもたちに浸透していくか，方法論も含め，ケースに応じていかねばなりません。このように思いと行為の間を行き来する言葉の役割には計り知れない重みを感じます。

第6節　文字や絵本に関心をもつようになるには

❶「聞くこと・話すこと」から「書くこと・読むこと」へ

　「聞くこと」と「話すこと」は，子どもがまず最初に親しみ，自然な生活の流れのなかで獲得していく言葉の営みであることはこれまでの節においてふれてきました。とりわけ4歳から5歳児，そして小学校就学に近い子どもたちにとって，生活経験の多様性や感動体験が増してくるにしたがい，思いを文字で伝えてみたい欲求も強くなってきます。この節では文字への興味関心の現れについて，実践を通して考えてみようと思います。

Episode 11　5歳児の敬愛訪問を通して――以心伝心の芽ばえ

　毎年2回，この園では5歳児が地域のお年寄りとのふれ合いを通して，あたたかい人間関係の輪を広げる機会をつくっています。園児の大部分が核家族であり，普段から祖父母やその世代の人とのかかわりが少ない家庭の実態を考えてのことです。少しでも園生活が豊かなものとなることを期待しての交流でも

あります。ホールに集まった大勢のお年寄りの方を前に，子どもたちは事前に話には聞いていても緊張は隠せません。全員の方が車椅子ですし，表情もそれぞれであったことから，自分たちの想像をはるかに超えた，曾祖父母の世代に近い方々に対して戸惑いもでます。それでも皆で簡易ステージに並び元気にあいさつをすませると，プレゼントの風鈴をもって，一人ずつお年寄りのもとに向います。明るくやさしい，何事に対しても積極的なA児は，言葉も明瞭で，誰とでも気さくに接するため友だちもたくさんいます。左利きである彼は，Bさんにプレゼントを渡しました。

A児:「ぼくがつくりました。どうぞ！」
Bさん:「えっ！ ありがとう。よくできたね」
Bさんは手づくりのプレゼントを手にとり，かざしながら見ています。

　その後，場が和んだところで肩たたきの手遊びやカエルの歌などを一緒に歌い楽しいひと時を過ごしました。84歳のおばあさんがお礼に歌を歌ってくれたり，なかには涙ぐんで「ありがとう」を連呼しているお年寄りもいました。園児たちが「12月にまた来ますから元気でいてください」と最後に唱和し，一人ひとりのお年寄りと握手をして帰ってきました。

　その3日後，A児は風鈴を渡したBさんから手紙をいただきました。大喜びしたA児に保育者はゆっくり文面を読んであげました。その内容は，プレゼントをもって会いにきてくれたお礼，そして，自分が脳いっ血で倒れ，今では体の右半分が不自由なために，左手でこの手紙を頑張って書いていることが書かれていました。次の朝,

A児:「Bさんに返事を書くから見てね」
と保育者のもとにやってきました。準備をし，さて書き始めようと鉛筆をもったとき,
A児:「ぼく，右手で書く！」
保育者:「えっ？ それじゃやってみる？」
A児:「うん，やる」
保育者:「A君が右手で書くと言うのならやってみよう」

　保育者はA児の思いを受けとめ，言葉を考えながら真剣に取り組む彼につき合うことになります。やっとの思いで3行書いたところで，その続きは翌日へともち越しました。

　翌朝，登園するとまっすぐに職員室にやってきて,
A児:「昨日の続きを書く」と言います。
保育者:「A君えらいね」

　励ましながら保育者は書き終わるのを見届けました。最初は鉛筆をもつ手に力が入らずにいましたが，次第に筆圧も加わるようになり，しっかりした文字が書けるようになってきました。そして保育者も共にお礼状を添えて投函しました。

　その後もお正月や，卒園のお祝いに便りが届きました。
A児:「ぼく，学校にいくから会えなくなるなぁ」と感慨深そうでした。

第6章　領域「言葉」と実践上の留意点

　このやりとりからも，交流という実体験だけでなく，さらに手紙をくれた相手としてひときわ近い距離にいるBさんに対し，相手への関心も強まったのでしょう。思いを文字にして届けたい，Bさんも頑張っているのだから，ぼくにだってできるという，A児の生活意欲の昂りさえ読み取れます。まさに高齢者とのふれ合いで心を動かし，相手を思いやる，そして感謝の意を伝え，A児なりの願いも添えるといった，温かな人間関係を感じます。短い言葉の組み立てと，計り知れない意欲がBさんとの交流を再現させているわけです。

　交流はそれ自体が目的を共有することでもあります。A児にはBさんとのふれ合いがあったからこそ，病気にめげずに，そのなかで立ち上がろうとする姿に刺激を受け，自分自身の心の揺さぶりを感じ，左利きを右利きにしたいという挑戦に転嫁できたわけです。まさに心を動かす体験がこうした態度に現れるようになったと言えます。

❷関係性をつなげるものとして──手紙が書きたい！

Episode 12

「手紙を書いて聞けばいい」──遠くにいる友達への思い

　夏休みに入ると同時に，あるクラスではA児が引っ越しのため転園しました。そして，ある夏季保育の日の昼食時，
C児：「A君も今度の幼稚園でお泊まり保育するのかな？」
　自分たちも間近に迫ったお泊まり保育の話題でもち切りです。
保育者：「もう，したかもしれないよ」
D児：「A君のあたらしいお友達，どんな子かなぁ？」
E児：「A君おもしろいから，友達いっぱいできてると思うよ」
F児：「先生！　A君，何幼稚園にいったんだっけ？」
保育者：「○○幼稚園だよ」
G児：「どんなところかなぁ？　何組かなぁ？」
H児：「A君に手紙を書いて聞けばいいんだよ」
I児：「（手紙が）書きたい！」

　友達のことを思うのは，これまで一緒に生活してきながら得た楽しい経験が裏づけとなります。今はここにはいないけれど，これまでの生活を通して認め合ってきたA君の存在感が再現されているようで

す。こうして過去を蘇らせる5歳児の、協同的な思考レベルの高さが感じられます。そんな友達のことが、自分たちのこれから行うお泊まり保育という行事に向けた期待とともに話題にのぼり、言葉のやりとりを手紙でしてみたいという意欲となって実現していきます。

❸イメージの共有と生活する姿

　小学校就学が間近になってくると、園だけでなく、家庭生活においてもその期待感たるや見える形で伝わってきます。「おじいちゃんとおばあちゃんがランドセルを買ってくれた」「自分の名前がじょうずに書けるようになるといいなぁ」「昨日、パパと散歩で学校まで行ってみた」など、園生活からも、友達や保育者との間で、学校へ行くことを前提とした話が頻繁に行き交うようになります。聞くこと、話すことが生活経験とともに巧みになり、文脈理解も進んでくるため、自分の近い将来像だけでなく未来的な推測など、言葉にしながら会話も展開するようになります。また、数々の行事的活動も体験しながら「3歳のときはこうで、4歳はこうだった。だから今はこうなった」と自分たちが最年長児であることで抱く園生活での自信を、あちらこちらで発揮してきます。

　とりわけ「書き言葉」に興味は大きく現れます。決して「ひらがな」を画一的な方法で教えようとしなくても、生活に根づいての文字や記号はいたるところで目にできます。自分の名札やクラスの室名札、誕生表や当番表、そしてカレンダー、絵本やテレビ、看板や広告、そしてさまざまなメディアが氾濫している環境が子どもたちを取り巻いている現代社会です。自家用車で移動しながら看板文字や標識がごく必然に目に飛び込んでくる現実があるわけです。そうした視覚を通したものだけでなく、耳から自然に入ってくる言葉も同じです。こうした文字や言葉の環境は子どもたちの会話に影響力をもってきます。意識して教えなくても自然に身についてしまう部分も多いことから、これに対応する大人の言動こそ、子どもにとってのモデルになります。きれいな言葉は知っていても、行動がそれに沿っていなければ、豊かで潤いのある言葉の獲得にはいたりません。

　卒園間近であれば、言葉を紡ぐ体験的カリキュラムの成果を形づくってみるなど、自分たちの言葉の力を駆使して、遊びを通して表現しようと試みるのもよいことです。ただし、学校ごっこなどと称して、

形式的にその技術を植えつけるための文字とのかかわりは極力控えるべきでしょう。あくまでも生活に密着した，思いを形にしながら丁寧に引き出してやりたいものです。

　オリジナル絵本をつくったり，郵便ごっこで手紙のやりとりを自由にしてみるのも興味深いことです。また，自分たちが大きくなったら何になりたいかをテーマに発表の場を設けたり，大きな紙に寄せ書きしてみるなども効果的です。子どもと保育者で園生活を振り返り，「楽しかったこと」を思い浮かべ，出来事を再現して言葉に置き換えてみることは貴重な体験となります。さまざまな場面を語り合い，皆で状況を共有すること，一つの話題をきっかけに方向性としては多少あっちに飛び，こっちに飛びしながらも，子どもが主体となってできる園生活への評価として実感できるでしょう。

　保育者としては，子どもの「つぶやき」や「おしゃべり」に耳を傾け，生活での「豊かさとは何か」を感じとる手立てとして文字や言葉を軸にした活動は絶好の機会です。また「お互いに言い合う」なかで，表現するにもいろいろな言い回しがあることに気づいたり，自分の言ったことが自覚化される場面に遭遇したりします。同じ感動体験でも友達の感じ方と自分の感じ方に違いを覚え，それを基におしゃべりできることは5歳児として素晴らしい育ちぶりとなります。

　子どもたちは園生活のなかで偶然にしろ，断片的であるにしろ，常に生きた言葉を獲得していきます。これをカルタ遊びに夢中になる子どもたちの実態から，さらに自分たちのカルタをつくることに活動展開していったエピソードを紹介します。

　読み札には端的に内容を表現する言葉の組み合わせが用いられます。読み札から響くリズミカルな言葉を耳にしながら，絵から感じとるイメージを合致させ，札を取る動きに素早く神経を連動させます。絵札にも読み札にも共通のひらがなが1語書いてあります。文字でも絵でも共通した表現があることを1組の札から理解していきます。カルタは一人で楽しむ遊びではありません。内容はいつでも一人で楽しめますが，カルタ遊びの本来のもち味に友達と一緒に丸くなることも含まれています。競って楽しいだけでなく，その内容も含め協同的な場を取りもつカルタのもつ奥深さが感じられると思います。

写真6-2 伝統的なカルタ遊びには友達と一緒に丸くなって楽しめる面白さがある

〈進め方・実践に向けての概要〉
* 「園で楽しかったこと」を出し合い，情景を言葉で振り返り，素話を楽しむ。
* 仲間や保育者とやりとりしながら，言いやすい短い文で組み立ててみる。言葉で構成しにくい場合は，絵を描いてみることから始めると無理がない。ここで保育者のイメージばかりが先行しないよう配慮。
* クリアシートにフェルトペンで簡単な絵でも表現してみる。読み札も1字ずつ発音しながら，ひらがなに置き換えてみる。保育者の代筆でもよい。
* OHPを使い，絵の披露と読み札を皆の前で発表する。
* 原形をもとに，大判カルタをつくり，実際にグループで遊んでみる。

　以上を工夫しながら進め，遊んでいくうちに次第に「言いやすさ」や「言いにくさ」を感じてくる子もいます。表現したい内容を維持しつつ，言い回しを工夫してみることで対処できる言葉のもつ不思議さなどの気づきも起こります。ただし個人差に配慮し，個別に対応する必要があります。韻に関しても，日常的にリズミカルな言い回しに慣れてきたり，楽しい言葉あそびの体験を通して必然的に気にかけるようになってきます。

Episode 13

カルタを皆でつくろう──子どもたち主体の生活の評価

A児：「『あ』はねぇ，幼稚園でとった赤カブの『あ』。赤城山も『あ』だよ」
B児：「『う』はウコッケイのことにしようよ。皆でお世話したじゃん」
　これをきっかけに，次から次へ言葉は飛び交います。クラスでは普段からカルタ遊びに親しんでいることもあり，リズミカルに言葉を並べて楽しんでいま

す。そのなかでいつも明るく活発なC児は一言も話してきません。一人浮かない顔をしています。
保育者：「Cちゃんは何か思い浮かぶものはある？」
C児：「よくわかんないけど……，『ち』は力をあわせて頑張った」
とだけボソッと言ってきました。
D児：「『力をあわせて頑張った』だけじゃ，わからない！」
と少し強い口調で言ってしまいました。すると，そうでなくても自信がなかったのにC児は泣き崩れてしまいました。
E児：「あっ，Dちゃんが泣かした！」
D児：「そんなつもりはないもん」
と少し怒り気味です。周りもワイワイガヤガヤしはじめ，カルタづくりのための場ではなくなってしまいました。するとすかさず，
B児：「『ち』は確かに『力あわせて頑張った』でいいと思うよ」
と助けてくれます。ここで険悪なムードは一変し，再び皆で考え合う空気となりました。保育者は今なら，というタイミングを見計らい，
保育者：「Cちゃん，力あわせて頑張ったものってあったかな？」
C児：「うーん，おみこし……かな？」
と相変わらず自信なさげに小声で答えてきます。
D児：「じゃあ，おみこしは，ワッショイって担ぐから，『力をあわせて皆でおみこしワッショイかついだよ』にすれば？」
と提案します。
保育者：「ちょっと，言葉が長いかなぁ」
F児：「じゃあ，皆で担ぐのなんかわかってるんだから，皆を取っちゃえば？」
と提案してきます。
B児：「いいねぇー……」
　そして，ようやくできあがったのが，「力あわせてみんなでかついだおみこしわっしょい」。ここでC児も笑顔にもどりました。後日絵札を描く時点ではC児とD児が仲良く取り組む姿が見られました。

　こうした協同的な取り組みでは，友達に自分の意見を伝えながらも，お互いの表情や全体の雰囲気を察知しています。相手のもち味を損なわないでもらいたいという，友達をかばう姿，同時にこれまでの状況を整理し，新しい方向づけをしていく，いわば総合的とも言える力の集結も行われています。
　こうして園生活での思い出をアルバムのようにめくり，友達や先生，家族で楽しく語りながら遊ぶことは，言葉による知的発達に欠かせないものです。いつのまにか言葉の環境，とりわけ文字を書いたり読んだりできることに興味関心が出てきた子どもにとっては，生活全体も

図6-1　せいかつカルタは子どもたちの体験（経験）と言葉の発達の集大成

第6章 領域「言葉」と実践上の留意点

意欲的なものになっていきます。
　信頼できる保育者，心を許し合える友達，そして自分たちで操作できる身近な教材が応答的環境[8]となってこそ，園が園として育ち合いの場となるわけです。同時に集団生活を通して子どもたちの間に潜在する力関係に，ほどよいバランス感覚も機能してきます。これこそ豊かな環境が，豊かな言葉を育んでくれる裏づけとなります。

→ 8　応答的環境
　子どものはたらきかけに対して何らかの手ごたえを返すこと。

さらに学びたい人のために

・氏原　寛・東山紘久『幼児保育とカウンセリングマインド』ミネルヴァ書房，1995年
　実践の場では一人ひとりの幼児を理解し，その発達の課題や特性に応じた保育を進めるために必要なカウンセリングマインドを生かした保育の専門技術が求められています。言葉もそうですが，保育の場では規則性よりもその時の雰囲気や心もちを選択していくことが要求されることがしばしあります。まずは言葉を育む温床として，子どもとの関係性を安定させる人間関係を考える有効な手立てとなります。

・ジム・トレリース，亀井よし子（訳）『読み聞かせ――この素晴らしい世界』高文研，1987年
　「読み聞かせが子どもの興味，情緒的発達，想像力を刺激するが，ほかにももうひとつ，刺激されるものがある。しかもそれは，今日の世界ではとても大切なものである。そのもう一つとは，子どもの言語能力である。（抜粋）」
　読み聞かせが現代の教育的危機を打破するのにいかに有効な手段とされているか。また，学校と家庭が連携していく「共育」など，今の保育現場と家庭教育に相通じるものが学べます。

演習問題

1. 子どものモデルにふさわしい，保育者の言葉づかいで気をつけなければならないことをいくつでもあげてみましょう。
2. 人や物，具体的な事象とのかかわりで，子どもの「つぶやき」を拾い，そこからどんな気持ちが伝わってくるのか推測してみましょう。
3. 子どもの興味や関心の高い絵本や児童文化財を身近に感じてみましょう。その内容だけでなく，友達関係や生活の背景，成長する姿への影響力も考えてみましょう。

第7章

領域「言葉」と保育の総合性
──劇遊びの事例を通して──

　幼稚園や保育所において，子どもたちはいろいろな遊びを展開しています。「劇的表現」も遊びのなかで見られる活動の1つといえるでしょう。本章では，生活発表会という行事への取り組みから「劇的表現のなかの言葉」について考えていくことにします。「劇的表現」は，領域「言葉」から離れていると感じるかもしれません。しかし，「劇的表現」は総合的な活動ですので，領域「言葉」にかかわる内容も含まれているのです。では「劇的表現のなかの言葉」とはどのようなものなのでしょうか。5歳児のエピソードから考えていくことにしましょう。

「シンデレラも
舞踏会に行きたい
と・・・」
ぶどう買い？
何かよく
わからないねー
先生 自分たちで
セリフ考えて
いいよね？
わぁ！
さすが
年長さん
ね!!
おたのしみかい「げき」

これは？
キャ――ッ
王子さま
イケメン！
まあっ♡
お城から
合コンの
お知らせよっ
あーあ
私も婚活中
なのに～

第7章 領域「言葉」と保育の総合性

第1節 「劇的表現のなかの言葉」の実際

　「劇的表現」とはどのようなものなのでしょうか。幼稚園や保育所では，あるお話のストーリーに沿っての劇遊びや人形，ペープサートをつくって遊ぶこともあるでしょう。また，「生活発表会」という行事のなかで，劇や人形劇，大型紙芝居やOHPの機器を使った映画をしたりするところもあるでしょう。このような，あるお話のストーリーにそって行う劇的な表現活動を「劇的表現」といいます。

❶ある幼稚園の「生活発表会」の取り組みから

　ここではある幼稚園5歳児の生活発表会に向けての取り組みを取り上げていきます。

【生活発表会の概要】
- 5歳児学級は2学級（各学級在籍25名，26名）であり，担任は各学級1名ずつである。
- この幼稚園では，毎年2月第1週の土曜日に5歳児の生活発表会が行われる。生活発表会の内容は，子どもたちのグループごとの劇的表現や学年で行う歌や合奏である。
- 生活発表会に向けて保育者は，2学期の後半から，子どもの興味に合うもので，劇的表現の活動につながるような絵本を読み聞かせてきている。劇的表現に使う題材はある程度保育者が選び，そのなかから学年の子どもたちと相談して4つの題材を選んだ。

　子どもたちは4つの題材にわかれてそれぞれグループごとに取り組み始めました。そのなかで，絵本『どろぼうがっこう』[1]を題材に劇的表現をするグループの取り組みの姿に着目していくことにしましょう。

[1] かこさとし（作・絵）『どろぼうがっこう』（かこさとしのおはなしえほん）偕成社，1973年

❷劇「どろぼうがっこう」グループの取り組み

　まず，絵本『どろぼうがっこう』のあらすじを簡単に説明します。

〈『どろぼうがっこう』のあらすじ〉
　まぬけな校長先生と生徒たちのおかしなどろぼう学校の話である。どろぼう学校の校長先生である「くまさか先生」は生徒たちにどろぼうの宿題を出すが，誰もどろぼうらしい宿題をしてこない。ある真夜中，どろぼうの遠足に出かける。町で一番大きな建物を見つけ，忍び込む。「大きな建物に宝があるに違いない」と信じ，宝を探すが，なんとそこは警察の建物のなか。あえなく，くまさか先生と生徒たちは逮捕されてしまった。

写真7-1　どろぼう学校の遠足に出発「抜き足差し足忍び足……」

　劇「どろぼうがっこう」のグループの子どもたちは，12名（男児7名，女児5名）いました。表7-1は，生活発表会当日に向けての取り組みの経過を書いたものです。

❸取り組みの実際

Episode 1

「どろぼうがっこう」ごっこ

　どろぼうの生徒役を希望する子どもたちは早くしてみたくて待ちきれない様子。そこで先生役を希望するコウタ以外，保育者も含め皆で生徒役になってみる。

　絵本を見ながらくまさか先生と生徒との会話をなぞる。途中で「このセリフは順番に言った方がいい」「（絵本にあるような）教室の背景をつくりたい」など子どもの方からアイディアが出てくる。

第7章 領域「言葉」と保育の総合性

表7-1 劇「どろぼうがっこう」のグループの生活発表会当日までの取り組みの経過

日にち	取り組みの内容や ☆様子
1/17（火）	昨年の5歳児の生活発表会のビデオを見る。学年での話し合い。
1/18（水）	（誕生会のため行わず）
1/19（木）	グループにわかれての活動開始。話し合い。☆大部分の子どもは役を決めたがる。 保育室で『どろぼうがっこう』ごっこをする（Episode 1）。
1/20（金）	保育室で『どろぼうがっこう』ごっこをする（Episode 2）。 必要な小道具や大道具の話し合い（Episode 3）。
1/23（月）	小道具やOHPシートでの背景の作成（Episode 4）。役を決定する。
1/24（火）	遊戯室の舞台の上で行う（Episode 5）。大道具・小道具づくり。
1/25（水）	↓　　　　　（Episode 6）　　　　　↓ ☆セリフが定着してくる，自然と言葉や動きが出てくる。
1/26（木）	舞台では途中止まりながら，子どもと確認して進めていく。 　　　　　　　　　　　　　　　　　　　衣装づくり
1/27（金）	↓　　　　　　　　　　　　　　　　　　↓
1/30（月）	全体を通して行う
1/31（火）	Episode 7。☆見せることを意識した表現へ
2/1（水）	リハーサル。
2/2（木）	リハーサルを受けての確認の話し合い。部分的な動きやセリフの確認。
2/3（金）	動きの確認。部分的なセリフの確認と個々の子どもの心配なところの解決。
2/4（土）	生活発表会当日

➡注：土日は休日のため，表に記述していない。

　待ちきれない子どもたちの姿から，保育者はグループの全員でこのストーリーの中心である先生と生徒のやりとりを行うことを提案し，まるでごっこ遊びをするように子どもたちと一緒にやりとりを楽しみました。役はまだ決まっていない段階ですが，保育者には，グループの皆で楽しむことで，友達と一緒に動く楽しさやお話のイメージを共有する喜びを感じてほしいという願いがありました。

　また実際に動くことで，子どもの方からいろいろな気づきやアイディアが出てきています。保育者はこのような子どもたちから出てくる気づきやアイディアを取り組みのなかで生かしていきたいと考えていました。

Episode 2

リズミカルな言葉

　くまさか先生と生徒との会話は，昨日よりもスムーズ。生徒役のセリフ「ハイ」「ヘィ」「ホイ」「わかりやした」「がってんでござんす」がリズミカルにテンポよく出てくる。このリズミカルな言葉とコウタの話す先生の会話がタイミングよく絡まっている。生徒役の子どもたちからは「誰がどこを言うか決めよう」という声も出てきた。

Episode 3

グループでの話し合い

　子どもたちの方から「どろぼうだから，包丁をつくろう」「警察はピストル」「宿題でもってくる黒板もつくらなきゃ」「牢屋も必要だ」と意見が活発に出てくる。保育者が「たくさん出てきたね。忘れないようにしないと」と言うと，アユとユキが「紙に書いておくのはどうか」と提案する。その後，皆で紙に頭をつき合わせて，話し合いの内容を書き始める。

写真7-2　グループの相談「紙にメモしておこう」

　5歳児になると文字への興味も出てきて，日常的にも文字で書いて伝える姿が見られます。特に小学校に入学前の1月下旬のこの時期は，子どもたち全員の文字に対する興味が高まる時期といえます。

Episode 4

同じ場面が2枚ある

　保育者の提案でOHPのシートに描いたものを背景に映すことになる。子どもたちは，絵本を見ながら，場面ごとにシートに絵を描いていく。大体でき上がったところで，順番にスクリーンに映すと，同じ場面が2枚あったり，足りない場面があったり，雑に描かれたものがあったりする。「同じのを描いていると知らなかった」「僕が先に描いたのに」などの声が出る。それを聞いていた他の子どもから「『ここ描くね』と聞いてから描いたらどうか」「誰が描くのか決めてから描こう」という意見が出てくる。話し合いの結果，これからは誰がどこを描くか（つくるか）話し合ってから作業することになる。

　雑に描いた理由は「途中で失敗した」ということだった。すると，ユキが「私が一緒に描こうか」と言う。フウも「一人じゃ大変だったり，心配だったりするもの」と言う。

第7章　領域「言葉」と保育の総合性

　はじめから役割分担をきちんとしていれば，【Episode 4】のようなことはなかったかもしれません。けれども，進めている当人である子どもたち自身がどうすればいいかと考えていくことが大切です。それによって，グループの共通の約束ができ，協力して進めていこうという気持ちにつながっていくのです。

Episode 5

自然な表現が出てくる

　子どもたちのなかにこの場面でこんなセリフが交わされるという流れが共通になってきた。
　絵本では少し難しい言い回しのセリフが並ぶ先生役のコウタは自分の言いやすい言葉を探し，時々「こう言ってもいい？」と保育者に確認する。
　宿題をし忘れた生徒役と先生役とのやりとりの時に「すみません」と言葉が出てくる。これは絵本にはないアドリブの表現だったが，みんなが「今のいいね」と認める。他の子どももまねし始める。特にカイは「すみません」と言葉とともに身振りも入れる。

　ここでは保育者に言われた通り行うのではなく，どういう動きや言葉がふさわしいかということを自分で考えたり，感じたりしていくなかで，動きや言葉が出てきています。特にコウタは，自分で言いやすい言葉へと，繰り返しのなかで言葉を精選し，セリフとして自然に定着させていきました。

Episode 6

「そんなの言い訳だ！」

　OHP操作の3人がおしゃべりに夢中になり，映すのを忘れたり，順番を間違ったりする。他の子どもたちが「ちゃんとやって」と何度か言うが，「うるさい」と言い返してくる。
　その後の話し合いの時に，OHP操作への非難が出てくる。3人は「途中でわからなくなった」と言う。「そんなの言い訳だ」と厳しく非難する子どももいる。そのうち，OHP操作の子どもたちのなかに泣き出す子どもが出てくるが，それでも，「泣いたってだめだからね」という子どももいる。聞いていたフウは「かわいそうだよ」というが，おさまらない。保育者が「みんな真剣にやっているってことはわかる？」と尋ねると3人はうなずく。他の子どもが「じゃあ，今度はちゃんとやるって約束して」と言うと，3人は約束すると言

う。保育者が「スクリーンの後ろから操作するから，わからなくなっちゃうことがあるかもね」と言うと，「ちゃんと聞いていればわかる」という意見が出てくる。保育者が「それでも，聞こえないときがあるかもよ」と付け加えると，「じゃあ大きな声で話すようにしよう。一番後ろのお客さんにも聞こえるようにしないと」「映画係（OHP操作）もいい耳で聞いていてね」など意見が出る。

写真7-3 「たくさんの家があるぞ」後ろの背景に描いたものが映っている

5歳児になると，自分の役だけでなく，劇的表現全体のできばえにも関心をもちながら，進めていきます。全体のできにこだわるからこそ，このような意見のぶつかり合う場面が出てくるのです。このような意見のぶつかり合う場面は，できれば避けたい場面かもしれません。けれども，そのなかで，子ども同士のなかに育つものがあります。自分の気持ちを出すのはもちろん，相手の気持ちや状況など，それぞれの子どもたちが相手の気持ちに寄せて考える機会となりました。

Episode 7

「ばっちりだったよ」

リハーサルが迫ったこの日，子どもたちの動きも，そしてセリフも流れるように出てきている。その日の話し合いで，「今日は映画係がよかった」という意見が出てくる。同調して他の子どもからも「そうそう，ばっちりだった」「本番も頼むね」と出てくる。映画係の3人はとても嬉しそう。保育者が子どもたちに「友達のいいところも見つけるのが上手になったね」と伝えると，皆で嬉しそうにうなずく。

数日前に非難された映画係でしたが，ここでは，その後の頑張りが

友達に認められています。なかでも，友達のいいところを見つけ言葉に出して伝えていくことで周りの子どもたちに伝わり，グループ全体がより一層一体感を増したようでした。

❹エピソードから考える「劇的表現のなかの言葉」

では，エピソードのなかの劇的表現のなかの「言葉」にかかわる経験に注目してみましょう（表7-2）。このように「言葉」にかかわる経験が多くあることが見えてきます。

表7-2　エピソードのなかの劇的表現のなかの「言葉」にかかわる経験

	エピソードにおける「言葉」にかかわる部分
Episode 1	・お話にそって動いたり，セリフを言ったりして，お話のイメージをグループのメンバーで共通にする。 ・いろいろな気づきやアイディアを子どもたち同士で出し合う。 ・『どろぼうがっこう』の絵本に親しむ。
Episode 2	・リズミカルな言葉を楽しむ。 ・自分の考えを言葉に出して伝える。 ・『どろぼうがっこう』の絵本に親しむ。
Episode 3	・相談のなかで，自分の考えを言葉に出す。 ・友達の意見に耳を傾ける。 ・イメージを膨らませる。 ・紙に文字を書く。
Episode 4	・自分の気持ちや考えを伝える。 ・どうすればいいか話し合う。 ・友達の意見に耳を傾ける。 ・友達の気持ちに自分の気持ちを近づけて考える。
Episode 5	・動きと言葉が伴って，新たな言葉や動きが生み出されている。 ・友達の言葉や動きからイメージを膨らませ，言葉や動きで表現していく。 ・友達のよさを認め，言葉で伝える。 ・セリフを覚えるのではなく，自分でアレンジしたり，繰り返したりするなかで自分の言葉としてセリフが定着する。 ・やりとりのなかで言葉や動きの楽しさを感じる。
Episode 6	・自分の思いや考えを言葉で伝える。 ・友達の意見に耳を傾ける。 ・どうしたらよいかを皆で一緒に考える。 ・友達の気持ちに自分の気持ちを近づけて考える。
Episode 7	・友達のよさを認め，言葉で伝える。 ・認められる嬉しさを感じる。

第2節 子どもにとっての劇的表現とは

　第1節ではエピソードから劇的表現の実際の取り組みについて見てきました。皆さんの想像していた「劇的表現」の取り組みと違い，驚いた方もいるかもしれません。けれども，「幼稚園教育要領」や「保育所保育指針」に述べられていることから考えると，このエピソードのような取り組みが基本であるといえるでしょう。

❶劇的表現と言葉

　2008年改訂の「幼稚園教育要領」の領域「言葉」は「経験したことや考えたことなどを自分なりの言葉で表現し，相手の話す言葉を聞こうとする意欲や態度を育て，言葉に対する感覚や言葉で表現する力を養う」という観点で「ねらい」が3つあげられています。そして，このようなねらいを達成するために指導する事項である「内容」は次のとおりです。

(1)先生や友達の言葉や話に興味や関心をもち，親しみをもって聞いたり，話したりする。
(2)したり，見たり，聞いたり，感じたり，考えたりなどしたことを自分なりに言葉で表現する。
(3)したいこと，してほしいことを言葉で表現したり，分からないことを尋ねたりする。
(4)人の話を注意して聞き，相手に分かるように話す。
(5)生活の中で必要な言葉が分かり，使う。
(6)親しみをもって日常のあいさつをする。
(7)生活の中で言葉の楽しさや美しさに気付く。
(8)いろいろな体験を通じてイメージや言葉を豊かにする。
(9)絵本や物語などに親しみ，興味をもって聞き，想像をする楽しさを味わう。
(10)日常生活の中で，文字などで伝える楽しさを味わう。

　では，先ほどのエピソードを領域「言葉」の内容に着目して見てみましょう（内容(6)「日常のあいさつ」は除く）。

→2　領域「言葉」のねらい
　(1)自分の気持ちを言葉で表現する楽しさを味わう。(2)人の言葉や話などをよく聞き，自分の経験したことや考えたことを話し，伝え合う喜びを味わう。(3)日常生活に必要な言葉が分かるようになるとともに，絵本や物語などに親しみ，先生や友達と心を通わせる。
　なお，保育所保育指針でも同様のことが示されています。

内容(1)は，【Episode 1】のアイディアを出し合う，【Episode 3】のグループでの話し合い，【Episode 4】・【Episode 6】の友達の気持ちに近づけて考えるという姿につながります。

内容(2)(3)(4)は「自分の思いや考えを自分の言葉で表現する」「人の話を注意して聞く」ということです。これは，話し合いの場面で経験していた内容で，【Episode 1】・【Episode 3】・【Episode 4】・【Episode 6】・【Episode 7】の姿につながります。

内容(5)ですが，このなかにある「生活」とは，当然遊びも含まれていますので，「劇的表現という遊びの中で，必要な言葉が分かり使う」と言い換えることができます。【Episode 5】のコウタの姿がつながるでしょう。コウタは絵本の文章を暗記したわけではありません。これは，絵本を繰り返し読んだり，劇的表現を楽しんだりするなかでコウタ自身が獲得していったものといえます。

内容(7)は「劇的表現という遊びの中で，言葉の楽しさや美しさに気付く」ということです。これは【Episode 2】の姿がつながります。お話ならではのリズミカルな言葉，そして，エピソードでは取り上げませんでしたが，最後に警察に捕まった時のセリフ「ざんねん，むねん，ふかくのいたり，しまった，しまった，くちおしや」という言葉も同様に楽しんでいました。この時，同時に足や手を動かす姿が見られました。リズミカルな言葉を友達と一緒に唱和することで，より一層楽しい気持ちを味わい，言葉の楽しさに気づき，体が動きたくなることにつながっているようでした。

内容(8)は「劇的表現の取り組みを通じて，イメージや言葉を豊かにする」と言い換えることができます。「イメージを豊かにする」という部分では，お話にそって動いたり，話し合ったりしていくことを通して，子どもたちに共通のイメージとなっていったことがつながります（【Episode 1】・【Episode 3】・【Episode 5】）。また，「言葉を豊かにする」という部分では，内容(7)でも述べた，取り組みのなかで次第に言葉が磨かれていったことがつながるでしょう（【Episode 5】）。

内容(9)は，取り組み全体のなかで経験してきたことです。絵本や物語への親しみ，興味があったからこそ，想像すること，そして，演じる楽しさ，友達と一緒につくり上げていく喜びにつながったと考えることができます。

内容(10)については，【Episode 3】の紙にメモをするという姿があげられます。書いた文字がグループの子どもたちに共通に伝わることで，

より文字で伝える楽しさを味わうことにつながっていきます。

このように「劇的表現」の活動のなかで，領域「言葉」にかかわる経験も積み重ねられているのです。

❷ごっこ遊びと劇的表現の行き来

劇的表現の経験がごっこ遊びのなかでも生かされている次のようなエピソードがあります。

Episode 8

アユとユキを含め女児4人がままごと遊びをしている。そこにあった黄色の毛糸を取りにカイがやってくる。カイは同じ「どろぼうがっこうグループ」のアユとユキに人差し指を立てて「しー」といい，ままごと遊びに夢中になっていた他の子どもに気づかれないように黄色の毛糸をもっていく。

はじめはカイが何をしているかわからなかったアユとユキも状況がわかり，カイを追いかける。ユキが「そうだ，くまさか先生に伝えよう」と言い，2人はくまさか先生役のコウタに「カイが黄色の毛糸をもっていった」と話す。コウタはカイに「何をもってきたんだ」というと，カイが「黄色の毛糸です」と言う。すると「よくやった！」と言い，カイの肩をたたく。この会話はまさしくどろぼう学校のシーンに出てくる会話だったので，アユとユキも楽しくなり，「どろぼうだもんね，ま，いっか」と言って遊びを続ける。

ごっこ遊びの場合，子ども同士のやりとりで交わされる「言葉」は，その場の状況のなかに出てくるその場限りのものが多いです。しかし，劇的表現におけるセリフは，子ども同士のやりとりのなかで，イメージとともに磨かれたものとなるため，ごっこ遊びのなかでも生かされる要素が残されているのです。

第3節 劇的表現のなかの言葉を育む援助

このような「劇的表現のなかの言葉」を育むために，どのような援助が大切になってくるのでしょうか。

❶ばらばらのイメージを共通のイメージへ

　劇的表現をつくり上げていくなかで，イメージを共通にしていくことが必要です。その時に，子どもたちと話し合う機会をもつことが大切です。話し合いを通して，友達の発言や動きからイメージをふくらませ，それを言葉や動きで友達に伝えたり，互いに言葉で認めたりすることによってイメージが共通になっていきます。子どもたちに任せるだけでは共通になっていきません。保育者が子どもの思いを受けとめながら，整理したり，調整したりしていくことが必要です。また，話し合いは一度だけではなく，継続的に機会をつくり，イメージを共通にしながら進めていくことも大切でしょう。

❷「劇的表現」にならずに，「ごっこ遊び」になってしまう時には

　「劇的表現」にするためには子どもたちに見ている相手がいることを知らせたり，見ている人がわかるような表現方法に気づかせたりしていくことが必要です。また，子どもの動きのわかりにくいところは，言葉を添える（ナレーション）方法もあるでしょう。保育者がモデルとなって一緒に動き，見せるための表現方法やアイディアを適宜提示していくことも大切でしょう。

❸個々の取り組みの差をどう考えるか

　取り組みのなかでは，劇全体の完成度を高めたいと思う子どももいれば，意識の薄い子どももいます。保育者は子どもの姿を比べるのではなく，一人ひとりの子どもの視点から取り組みの姿を見て，十分認めていくことが大切です。興味の薄い子どもには，取り組みの見通しをもたせ，その子なりの目的が活動のなかに見いだせるようにすることも大切です。その際，その子なりの頑張りを認めていくことが重要です。認められた喜びが，しだいに活動に取り組む気持ちにつながっていきます。

❹さまざまな経験の積み重ねが生きる

　これまで述べてきたように，劇的表現は，互いに意見を出し合い，聞き合うことが必要です。それはすぐにできることではありません。前もって育てておくことが必要です。

　人の話を聞く，自分の思いを出すという経験を積み重ねることが大切です。自分の思い通りにならないという経験も必要でしょう。また，遊びのなかでイメージの世界を十分に楽しむ経験も必要です。そのための道具や素材の準備など環境を整えておくことも大切です。その他，たくさんの絵本や物語に親しませていくこと，そして，3，4歳のときに十分表現遊びを楽しむなど，劇的表現の楽しさを経験していくことも必要です。日常的なクラスのなかでの見る，聞く，話すといった経験や友達関係も大切になってくるでしょう。

❺子ども同士の意見のぶつかり合いが生じた時

　「劇的表現」の取り組みでは，意見のぶつかり合いが起こることがあります。その時に，トラブルを回避するのではなく，子どもの経験として生かしていくことが大切です。すぐに保育者が介入し，解決していくことは簡単ですが，解決までのプロセスのなかで子どもたちはさまざまな経験をしていきます。友達と気持ちを出し合う，相手の気持ちに気づき，気持ちに沿って考える，自分の思い通りにならない経験をする，自分の問題として受けとめていく，自分の感情をコントロールするといったことを学んでいるのです。保育者はその経験を支えるように言葉を添えたり，調整したり，時には，子ども同士で解決できるよう見守ったりすることも大切でしょう。

❻協同的な活動としての「劇的表現」

　これまで述べてきたように，取り組む過程で子どもたちはさままざまな経験をしていきます。それも一人ではなく，友達と一緒のなかでです。つまり，自分の思いだけではなく，友達の思いを聞き，一緒に考え，一緒にやり遂げていくことなどを経験していきます。そのなかで，子ども同士が刺激し合うような場面を生かしていく援助が大切に

なってきます。そう考えると，これまで述べてきた「劇的表現のなかの言葉」を育む援助には，子ども同士の刺激を生かしていくことが前提にあります。このような活動の積み重ねが「言葉」を育み，それと同時に，友達と一緒に活動する喜びや，自分の良さに気づき，自信をもって行動することにつながっていくのです。

さらに学びたい人のために

- 花輪　充『あそべあそべ発表会』メイト，2005年
  肩に力を入れずに，「発表会」を考えていける本です。イラストがたくさんで，読みやすく，実践してみたくなるアイディアがいっぱいあります。
- 渡辺　明『子どもが創る劇あそび・劇ごっこ』あゆみ出版，1998年
  幼稚園における3歳児，4歳児，5歳児の劇的表現の実践事例が載っています。

演 習 問 題

1. 劇的表現のなかの言葉を育むために保育者はどのような援助をすることが大切なのか，ポイントをまとめてみましょう。
2. 岩波保育ビデオシリーズ「幼児理解にはじまる保育⑤　いっしょにやろうよ　伝え合う気持ち・5歳児」を見て次のことを考えてみましょう。
   - この「劇的表現」の取り組みのなかで，領域「言葉」にかかわる経験をしている子どもの姿を抜き出してみましょう。
   - 「言葉を育む」ために保育者が行っていた援助について考えてみましょう。

第8章 領域「言葉」の変遷

　2008年に「幼稚園教育要領」が改訂されました。また「保育所保育指針」も同様に改定され，告示となり，領域「言葉」は，「経験したことや考えたことなどを自分なりの言葉で表現し，相手の話す言葉を聞こうとする意欲や態度を育て，言葉に対する感覚や言葉で表現する力を養う」とされています。しかし，この考えは日本で幼稚園が創設したときからあげられていたわけではありません。幼稚園が創設された明治時代は，訓育，知育することに重きがおかれ，子どもの発達に合った自発的な活動の重要性の認識はほとんどありませんでした。

　ではどのようにして，今日のような領域「言葉」の内容になっていったのでしょうか。本章では時代をさかのぼり，明治時代から現在までの領域「言葉」の変遷を見ていくことにしましょう。

園長先生，
先生の子どものころ
幼稚園って
どんなだったの？
そうねえ
いろんな昔話を
聞いたわねえ
それより
前はね…

では恩物で
遊びましょう　まず
箱から出しますよ
は〜い
子どもたちが
昔の幼稚園
ごっこをしたいと
…
恩物？
？

第1節 明治期

❶東京女子師範学校附属幼稚園の保育内容

　1876（明治9）年に日本で初めての幼稚園である東京女子師範学校附属幼稚園（現お茶の水女子大学附属幼稚園）が開園されました。当時はまだ保育内容・方法についての国の法的基準がなく，独自の「附属幼稚園規則」のなかで定めていました。その後，全国に幼稚園が開設されていきましたが，その保育内容は，当時幼稚園のモデルであった附属幼稚園の保育内容に沿った形がとられていました。

　附属幼稚園の保育内容は，「物品科」「美麗科」「知識科」の3科目に含まれる25の項目でした。この25の項目は，主にフレーベルの考案した恩物を用いた内容でしたが，他に「唱歌」「遊技」「計数」「説話」「博物理解」「体操」がありました[1]。このなかの「説話」はどのようなものだったのでしょうか。

　当時の「説話」は，幼児が物語のなかに引き込まれ，楽しんでいくような物語は少なく，ほとんどが教訓的な内容で，しつけ的な作法の話や修身ばなしであったとされています。また，外国の話を直訳した漢語調のものが多かったため，当時の保育者は子どもに語り聞かせるためにかなり苦心していたようです[2]。

　その後，附属幼稚園の保育科目は改正され，領域「言葉」にかかわるものとしては，新たに「読ミ方」「書キ方」が加わり[3]，全体的に小学校の学科目に近づける内容となりました。この背景には，小学校入学後の幼稚園修了児と幼稚園未入園児との差があまりないという世間の批判があったようです[4]。そこで，幼稚園の上の学年になると片仮名を習いはじめ，幼稚園を修了すると同時に小学校1学年も終わったこととみなしていたそうです。つまり，小学校に初めて入学してくる子どもは1学年に入学させ，幼稚園を修了した子どもは，小学校2学年に入学させていました[5]。

➡1　『附属幼稚園規則』文部省年報，1877年

➡2　森上史朗『児童中心主義の保育』教育出版，1984年

➡3　倉橋惣三・新庄よし子『日本幼稚園史』東洋図書，1934年

➡4　森上史朗『児童中心主義の保育』教育出版，1984年

➡5　お茶の水女子大学附属幼稚園『年表・幼稚園百年史』国土社，1976年

❷「幼稚園保育及設備規程」の制定

　幼稚園の設置数の増加に伴い，文部省は1899（明治32）年に「幼稚園保育及設備規程」を定めることになります。これは初めて国としての法的基準を明らかにしたものです。この規定では，保育対象の年齢・保育時間・幼稚園の規模・保育の目的・保育内容の範囲・設備などが示されました。保育内容は「遊嬉」「唱歌」「談話」「手技」の4項目が定められました。このなかの「談話」とは，「事実や寓言（たとえ話），天然物や人工物などについて話すことで徳性を涵養し，観察力を養うこと」を目的とし，有益な話をして正しい言葉を習得することも考慮されていました。当時の談話には「寓話」「童話」「神話及び英雄談」「事実談話及寓発事項の談話」がありました。それぞれの内容を見てみましょう。[6]

　　寓話：道徳的教訓。「うさぎとかめ」などの話やイソップ物語。
　　童話：非教育的なものを含む長編の物語。「ももたろう」「かちかちやま」「7匹のこやぎ」など。
　　神話及び英雄談：「八頭の大蛇の話」「牛若丸」など。
　　事実談話及寓発事項の談話：実際に起こったもの。たとえば日清戦争の話。

　このように，全体的に道徳的な教訓を語ったものや知識を啓発する内容のものが多く，子どもにとって興味がもちづらい話を聞くことを余儀なくされていたようです。[7]

→6　森上史朗『児童中心主義の保育』教育出版，1984年

→7　森上史朗『児童中心主義の保育』教育出版，1984年

第2節　大正期から昭和初期

　明治の末期から大正時代にかけて，自由教育や児童中心主義の思想などの影響をうけて，新しい保育が試みられました。保育内容も4項目以外にもさまざまな保育内容が展開されていました。この頃，児童文芸誌『赤い鳥』など児童出版文化も充実し，「桃太郎」や「うさぎとかめ」などの愛唱歌も生まれました。

　1916（大正5）年頃の附属幼稚園（現お茶の水女子大学附属幼稚園）で

第8章　領域「言葉」の変遷

は、『幼児にきかせるお話』（日本幼稚園協会）が「談話」の資料として使われていました。これが現代でいうお話集の初めとされています。また人形芝居、劇遊びもこの頃より保育のなかで行われるようになりました。

大正期に全国に幼稚園が普及すると、幼稚園の改善と充実を求める声が高まり、1926（大正15）年「幼稚園令」が公布されました。保育内容については、同時に制定された「幼稚園令施行規則」で示されました。この第2条で、幼稚園の保育項目として「遊戯」「唱歌」「観察」「談話」「手技」等の保育5項目が定められました。最後に「等」がつけ加えられ、5項目のほかに各園の実情に応じて保育内容を工夫して加えることが認められました。

1935（昭和10）年以降、日本が戦時体制に入ると、保育も軍事的色彩を帯びてきました。そして、皇国民の錬成・国民精神の高揚・戦争遂行を目的とした保育が求められるようになっていきました。さらに戦争が激しくなるとともに就園率も下がり、1944（昭和19）年には、東京都の全幼稚園が閉鎖に追い込まれました。

➡8　お茶の水女子大学附属幼稚園『年表・幼稚園百年史』国土社、1976年

➡9　「幼稚園令施行規則」（文部省令17号、1926年）

第3節　戦後——保育要領の時代

❶「学校教育法」の制定

1945（昭和20）年の終戦の混乱のなか、連合軍総司令部（GHQ）の指導により、教育改革が行われました。1947（昭和22）年に「学校教育法」が公布され、幼稚園は新しい学校体系のなかに位置づけられました。第77条で、幼稚園の目的は「幼児を保育し、適当な環境を与えて、その心身の発達を助長すること」と述べられています。またこの目的を実現するため、第78条では目標を5つあげています。このなかに幼児の言葉に関する内容「言語の使い方を正しく導き、童話、絵本等に対する興味を養うこと」が定められました。

➡10　「学校教育法」（法律第26号、1947年）

➡11　「学校教育法」第78条にかかげられた幼稚園の目標は次のとおりです。一　健康、安全で幸福な生活のために必要な日常の習慣を養い、身体諸機能の調和的発達を図ること。二　園内において、集団生活を経験させ、喜んでこれに参加する態度と協同、自主及び自律の精神の芽生えを養うこと。三　身辺の社会生活及び事象に対する正しい理解と態度の芽生えを養

うこと。四　言語の使い方を正しく導き，童話，絵本等に対する興味を養うこと。五　音楽，遊戯，絵画その他の方法により，創作的表現に対する興味を養うこと。

▶12　「保育要領」は1．まえがき，2．幼児の発達的特性，3．幼児の生活指導，4．幼児の生活経験，5．幼児の一日の生活，6．幼児の保育内容——楽しい幼児の経験，7．家庭と幼稚園，に分かれていて幼児教育のあり方を具体的に示す構造になっていました。

❷「保育要領」の制定

1948（昭和23）年，文部省は，保育内容や方法について参考になる手引き書として，「保育要領——幼児教育の手引き」を刊行しました。これは幼稚園・保育所・家庭への幼児教育の案内書としての性格をもち，保育内容を「楽しい幼児の経験」として，12の項目を次のように具体的に示していました。

1．見学，2．リズム，3．休息，4．自由遊び，5．音楽，6．お話し，7．絵画，8．製作，9．自然観察，10．ごっこ遊び・劇遊び・人形芝居，11．健康保育，12．年中行事

この項目のなかの「6．お話し」とは，どのようなものだったのでしょうか。

保育内容や方法について参考になる手引き書という通り，幼児への話しかけ方など具体的に示されていました。また，よい童話，ふさわしくない童話の基準もあげていました。「幼稚園の時間はすべて言語の教育に利用することができる」と述べられている通り，保育内容の他，言葉に関する事柄が「3．幼児の生活指導」のなかにも記されていました。

第4節　6領域時代

▶13　「幼稚園教育要領」（1956年）
この特徴は「まえがき」で次の3点があげられています。①幼稚園の保育内容について小学校との一貫性をもたせる。②幼稚園教育の目標を具体化し指導計画の作成に役立つようにする。③幼稚園教育における指導上の留意点を明らかにする。

❶「幼稚園教育要領」の制定

戦後の幼児教育は「保育要領」を基本に進められていきました。しかし，その内容が系統的でないことや保育内容と目標とのつながりが明らかにされていないことなどから，批判が向けられ廃止になりました。そして，1956（昭和31）年に「幼稚園教育要領」が幼稚園教育の国家基準を示すものとして公刊されました。ここでは「保育」という言葉が「教育」に改められています。この教育要領では，学校教育法第78条の目標にしたがい，幼稚園の教育の目標を具体化し，幼児の望

ましい経験を幼児教育の内容とみなしていました。そして、これらの内容を目標にしたがって分類したものを「領域」とし、保育内容を「健康」「社会」「自然」「言語」「音楽リズム」「絵画製作」の6つが示されました。

領域「言語」は「ことばを正しく使い、童話や絵本などに興味をもつようになる」ことを目標とし、幼児の発達上の特性を踏まえて以下の「望ましい経験」が述べられています。

1. 話をする。
2. 話を聞く。
3. 絵本・紙しばい・劇・幻燈・映画などを楽しむ。
4. 数量や形、位置や速度などの概要を表わす簡単な日常用語を使う。

「保育要領」では主に、聞くこと・話すことが示されていましたが、「幼稚園教育要領」では、新たに「絵本や紙しばい等を見る」ことや「数量や形などを日常用語を使って話す」ことが示されました。特に数量や形、位置や速度など概要を表わす日常用語については具体的な言葉の例が多く記されました。

❷「幼稚園教育要領」の改訂──1964年

「幼稚園教育要領」が公刊された後、保育の現場では、領域を小学校の教科のようにとらえ、領域ごとに指導を行う傾向が見られました。この状況を改善するため、文部省は教育要領の改訂にとりかかりました。1964（昭和39）年に公刊された「幼稚園教育要領」も、領域は1956（昭和31）年版の教育要領と同じ「健康」「社会」「自然」「言語」「音楽リズム」「絵画製作」の6つでした。1964年版の教育要領では、領域「言語」の内容は、次のような項目でまとめられていました。

1. 人のことばや話などを聞いてわかるようになる。
2. 経験したことや自分の思うことなどを話すことができるようになる。
3. 日常生活に必要なことばが正しく使えるようになる。
4. 絵本、紙しばいなどに親しみ、想像力を豊かにする。

1964（昭和39）年版の教育要領では「言語」の内容は、聞く、話す、正しい言語習慣、豊かな想像力の4つを柱としました。「親しみをもちながら聞く、話しかける」「経験したことや自分の思うことを

➡14 「幼稚園教育要領」（文部省告示第69号、1964年）
1964（昭和39）年版の「教育要領」では、「領域」についての考え方が次のように明示されました。領域に示す事項は、幼稚園修了までに幼児に指導することが望ましい「ねらい」を示したもので、「相互に密接な関連があり、幼児の具体的、総合的な経験や活動を通して達成されるもの」とされました。さらに、「各領域は小学校における各教科とは性格が異なるもの」としました。

はっきりと話す」，絵本や紙しばいなど視聴覚教材は「幼児の経験を広め，豊かな情操を養う」ことがあらたに加わっています。1956（昭和31）年版にあった，「数量や形などの概要を表わす日常用語」については，「日常生活に必要な標識や記号」となり，「幼児の年齢や発達の程度に応じて」「慣れさせ」「文字へ興味や関心をも育てる」ようにするとされました。なお，「文字については」「日常の生活の経験のなかで自然にわかる程度にすることが望ましい」と記されました。しかし，領域名が同じであったことや，領域ごとに指導書を作成したことにより，相変わらず小学校の教科のように取り扱って指導する園が多く存在しました。

❸保育所における「保育所保育指針」の刊行

　戦後，保育所は児童福祉法によって，それまでに存在していた託児所も含めて，児童福祉施設の1つと位置づけられ，その後，1951（昭和26）年の同法の改正によって，保育所は「保育に欠けるその乳児又は幼児を保育することを目的とする施設とする」（第39条）とされました。その後の経済復興のなかで，子どもを取り巻く生活環境に大きな変化が生じ，1956（昭和31）年「幼稚園教育要領」が刊行されたのを機に，1965（昭和40）年に厚生省から「保育所保育指針」が刊行されました。「幼稚園教育要領」が法的拘束力をもっていたのに対し，「保育所保育指針」は保育所における保育内容の充実・向上のために参考にすべきものという性格をもっていました。

　この保育所保育指針のなかで，保育内容は，「幼稚園教育要領」と同じ形で6領域が採用され，また年齢ごとに領域が区分されました。2歳までを「生活」と「遊び」の2領域，4歳以上では「教育要領」の6領域とほぼ一致する形が取られていました。また領域ごとに「望ましいおもな活動」が設定されていたために，幼稚園と同じように領域別の指導を行う危険がありました。

➡15　2歳まで「生活」「遊び」，2歳「健康」「社会」「遊び」，3歳「健康」「社会」「言語」「遊び」，4～6歳「健康」「社会」「言語」「自然」「音楽」「造形」。

第5節 5領域時代

❶「幼稚園教育要領」の改訂——1989年

　1964（昭和39）年版の教育要領の公刊から20年以上経ち，その間，都市化の進展，少子化や核家族化，情報・メディア産業の発達など，子どもを取り巻く環境が大きく変化しました。このような社会の変化を踏まえて，1989（平成元）年に文部省は新しい「幼稚園教育要領」を公刊しました。1989（平成元）年の改訂では，環境を通しての教育，幼児の主体的な生活を中心とすること，遊びを通しての総合的な指導，幼児一人ひとりの発達の特性に応じることが示されました。また，小学校の教科のように考えられがちだった保育内容の6領域も見直されました。新しい教育要領では，保育内容は「健康」「人間関係」「環境」「言葉」「表現」の5つの領域に分類され，これまでの領域「言語」から，領域「言葉」に変わりました。

　1989（平成元）年版教育要領では，領域「言葉」は「経験したことや考えたことなどを話し言葉を使って表現し，相手の話す言葉を聞こうとする意欲や態度を育て，言葉に対する感覚を養う観点から示したもの」とされていました。その「ねらい」は次の3つでした。

(1) 自分の気持ちを言葉で表現し，伝え合う喜びを味わう。
(2) 人の言葉や話などをよく聞き，自分の経験したことや考えたことを話そうとする。
(3) 日常生活に必要な言葉が分かるようになるとともに，絵本や物語などに親しみ，想像力を豊かにする。

　このように新しい教育要領では，伝え合う喜び，聞くこと話すこと，豊かな想像力の3つを柱としました。「内容」では「ねらい」をふまえて「(1)先生や友達の言葉や話に興味や関心をもち，親しみをもって聞いたり話したりする」「(2)したこと，見たこと，聞いたこと，感じたことなどを自分なりに言葉で表現する」「(9)絵本や物語などに親しみ，興味をもって聞き想像する楽しさを味わう」などの10項目があげられました。

→16 「幼稚園教育要領」（文部省告示第23号，1989年）
　この教育要領では，幼児期に育てたい心情，意欲，態度などを「ねらい」とし，それを達成するために指導する事項を「内容」としました。これらを幼児の発達の側面から整理して，「健康」「人間関係」「環境」「言葉」「表現」の5つの分野とし，これを「領域」としました。

このような「ねらい」「内容」に基づいて，保育活動を展開するときの「留意事項」として，教師や他の幼児とのかかわりのなかで伝え合う喜びを十分味わうこと，日常生活の出来事や絵本・物語などに出会い，豊かなイメージをもつことがあげられています。また，文字に対する系統的な指導は，幼稚園で直接取り上げて指導するのではなく，個々の幼児の興味や関心，感覚が無理なく養われるようにすると示されました。

❷「幼稚園教育要領」の改訂──1998年

> ➡17 「幼稚園教育要領」（文部省告示第174号，1998年）

　1998（平成10）年の「幼稚園教育要領」の改訂は，1989年（平成元）版の基本となる趣旨を受け継いで，その充実・発展させる形で改善されました。1998年版の教育要領では，子どもの活動の展開をみながら，保育者は計画的に環境を構成することやさまざまな役割を果たすという説明が新たにつけ加えらました。領域は，1989年版と同じように，「健康」「人間関係」「環境」「言葉」「表現」の5領域がとられました。言葉の獲得に関する領域「言葉」における「ねらい」は次の3つでした。

(1) 自分の気持ちを言葉で表現する楽しさを味わう。
(2) 人の言葉や話などをよく聞き，自分の経験したことや考えたことを話し，伝え合う喜びを味わう。
(3) 日常生活に必要な言葉が分かるようになるとともに，絵本や物語などに親しみ，先生や友達と心を通わせる。

　このように新しい教育要領では，1989年版をもとに，言葉で表現する楽しさ，伝え合う喜び，絵本や物語で先生や友達と心通わせるの3つを柱としました。また，新しい事項としては，「ねらい」「内容」の取り扱いにあたって留意する事項をあげた「内容の取扱い」にみられます。子どもが人とかかわることで心を動かすような体験をし，言葉を交わす喜びを味わえるようになること，絵本や物語などで，想像を巡らせる楽しみを十分味わい，豊かなイメージをもち，言葉に対する感覚が養われるようにすることが示されました。また，文字で伝える喜びや楽しさを味わい，文字に対する興味や関心をもつようになることが示されました。

❸「保育所保育指針」の改訂──1990年および1999年

　幼稚園教育要領が改訂され，3歳以上児については，幼稚園教育要領と保育所保育指針の内容は基本的に共通するという認識から，保育所保育指針も見直すことが必要とされました。そこで，1990（平成2）年に「保育所保育指針」が改訂されました。改訂された指針では，保育内容の年齢区分は乳児の年齢区分が細分化され，6か月未満児・6か月〜1歳3か月・1歳3か月〜2歳・2歳児・3歳児・4歳児・5歳児・6歳児，と8段階に区分されました。

　特に子どもが安定した生活を送るために必要な基礎的な事項（生命の保持，情緒的安定にかかわる事項）は全年齢に示されました。そして3歳以上児については「幼稚園教育要領」と同じく5領域が設定されました。3歳未満児については，発達の側面からみて領域に区分することが困難な面もあるという理由から，領域に分けずに一括して示されていました。

　その後，労働形態の多様化や女性の社会進出などによる保育ニーズの増大や育児不安や児童虐待など深刻な問題から，保育所は地域の子育て支援の役割を担うことが求められました。さらに「幼稚園教育要領」が改訂されたのを機に，「保育所保育指針」も1999（平成11年）に改訂されました。内容は従来の「指針」と同じ構成で，3歳児以上は「教育要領」と同じく子どもの発達をとらえる際の視点として5領域が設定され，3歳未満児については，前回と同様，領域を区分せず，基礎的事項とともに一括して示していました。「年齢区分」については，名称が「発達過程区分」に改められました。

❹「幼稚園教育要領」と「保育所保育指針」の改訂──2008年

　2006（平成18）年，教育基本法が改正され，新たに「家庭教育」「幼児期の教育」の条項が加わりました[18]。また，学校教育法も，2007（平成19）年一部改正され[19]，幼稚園の目的，目標の見直しとともに，子どもの発達や学びの連続性という観点から，幼稚園を小学校の前に規定し直されました[20]。そして，近年の子どもの育ちや社会の変化から，2008（平成20）年「幼稚園教育要領」が改訂されました。

---

[18] 「教育基本法」（法律第120号，2006年）
　第11条「幼児期の教育は，生涯にわたる人格形成の基礎を培う重要なものであることにかんがみ，国及び地方公共団体は，幼児の健やかな成長に資する良好な環境の整備その他適当な方法によって，その振興に努めなければならない。」

[19] 「学校教育法」一部改正（法律第98号，2007年）
　第22条「幼稚園は，義務教育及びその後の教育の基礎を培うものとして，幼児を保育し，幼児の健やかな成長のために適当な環境を与えて，その心身の発達を助長することを目的とする。」
　第23条「4　日常の会話や，絵本，童話等に親しむことを通じて，言葉の使い方を正しく導くとともに，相手の話を理解しようとする態度を養うこと。」

[20] 「第1条　この法律で，学校とは，小学校，中学校，高等学校，……大学……及び幼稚園とする。」と規定されていたものが，2007年の改正で，「第1条　この法律で，学校とは，幼稚園，小学校，中学校……とする。」と改正されました。

2008年の教育要領では、1998年版の基本となる趣旨は受け継いでいます。従来と大きく違う点は、「保育所保育指針」も同時に「告示」された点です。これにより幼児教育施設として、幼稚園・保育所が同じ教育を受けていくことが示されました。

領域「言葉」については、「ねらい」はほとんど変わりません。「内容」には、心を動かす体験をしたことや体験を通じて考えたりしたことをなどを自分なりの言葉で表現することが重要であることが加わりました。また、「内容の取扱い」では、心動かされる体験をして、その感動や思い、考えを言葉に表わし、そのことが保育者や友達などに伝わる喜びを味わうとともに、相手の話を聞き、その内容を理解し、言葉による伝え合いができるようにすることが踏まえられています。

一方、保育所に関しては、2001（平成13）年「児童福祉法」の改正によって、保育士資格が法定化されました。そして、幼稚園教育要領の改訂とともに「保育所保育指針」も2008年「告示」となり公示されました。従来「保育指針」は厚生省局長からの「通知」という形でした。しかし、今回の改定により、大臣による「告示」となり、拘束力、規範性が強いものとなりました。このように、制度的、形式的な部分では大きく変わった「保育指針」ですが、基本となる趣旨は変わっていません。今回の改定でも「養護と教育が一体」となって保育が進められていくという、保育所保育の独自性が明示されています。特に教育については幼稚園教育要領との整合性がより図られていることが特徴としてあげられます。

➡21 「児童福祉法」第18条の4, 23。

さらに学びたい人のために

- 文部省（編）『幼稚園教育百年史』ひかりのくに、1979年
  幼稚園と保育所の歴史について詳しく調べることができます。
- 柴崎正行（編）『保育内容と方法の研究』栄光教育文化研究所、1997年
  保育内容や方法について歴史をさかのぼって詳しく調べることができます。
- 森上史朗『児童中心主義の保育』教育出版、1984年
  明治期から昭和初期にかけての保育内容や保育史上の人物について詳しく学ぶことができます。

演 習 問 題

1. 次の時代の「言葉」に関する保育内容についてまとめてみましょう。
   - 明治期の「説話」と「談話」
   - 「保育要領」の保育内容「お話し」
2. それぞれの教育要領の領域「言語」，領域「言葉」の特徴をまとめてみましょう。また，保育指針についても同様にまとめてみましょう。
   - 1956（昭和31）年版
   - 1964（昭和39）年版
   - 1989（平成元）年版
   - 1998（平成10）年版
   - 2008（平成20）年新教育要領

執筆者紹介　執筆順／担当章

戸田雅美（とだ　まさみ）編者　はじめに　第4章
　　1955年生まれ。東京家政大学教授。
　　主著　『保育をデザインする』（単著）フレーベル館
　　　　　『保育者論』（共著）相川書房

柴崎正行（しばざき　まさゆき）編者　第1章
　　元東京家政大学教授。
　　主著　『カウンセリングマインドの探究』（共著）フレーベル館
　　　　　『別冊発達29　新幼稚園教育要領・新保育所保育指針のすべて』（共編著）ミネルヴァ書房

秋田喜代美（あきた　きよみ）編者　第2章
　　1957年生まれ。学習院大学教授，東京大学名誉教授。
　　主著　『読書の発達過程』（単著）風間書房
　　　　　『保育の心もち』（単著）ひかりのくに

福﨑淳子（ふくざき　じゅんこ）第3章
　　1955年生まれ。東京未来大学名誉教授。
　　主著　『新版　エピソードから楽しく学ぼう　保育内容総論』（共編著）創成社
　　　　　『「みてて」発話からとらえる子どもの世界』（単著）創成社

宮里暁美（みやさと　あけみ）第5章
　　1955年生まれ。お茶の水女子大学人間発達教育科学研究所教授。文京区立お茶の水女子大学こども園元園長。
　　主著　『シードブック「保育内容　環境」』（共著）建帛社
　　　　　『新・保育講座「保育内容総論」』（共著）ミネルヴァ書房

柳　晋（やなぎ　すすむ）第6章
　　1958年生まれ。学校法人柳学園富士見幼稚園理事長・園長。育英短期大学教授。
　　主著　『教育課程総論』（共著）大学図書出版
　　　　　『幼稚園・保育園の実習パートナー』（共編著）大学図書出版

山下美幸（やました　みゆき）第7章・第8章
　　1972年生まれ。文京区立本駒込幼稚園副園長。

	最新保育講座⑩	
	保育内容「言葉」	
2010年 4 月25日　初版第 1 刷発行		〈検印省略〉
2021年12月20日　初版第13刷発行		
		定価はカバーに
		表示しています

編　　者	柴　崎　正　行	
	戸　田　雅　美	
	秋　田　喜代美	
発行者	杉　田　啓　三	
印刷者	江　戸　孝　典	

発行所　株式会社　ミネルヴァ書房
607-8494 京都市山科区日ノ岡堤谷町 1
電話代表（075）581-5191
振替口座　01020-0-8076

Ⓒ 柴崎・戸田・秋田ほか，2010　　共同印刷工業・藤沢製本

ISBN978-4-623-05641-5
Printed in Japan

最新保育講座

B5判／美装カバー

1. 保育原理
   森上史朗・小林紀子・若月芳浩 編
   本体2000円

2. 保育者論
   汐見稔幸・大豆生田啓友 編
   本体2200円

3. 子ども理解と援助
   髙嶋景子・砂上史子・森上史朗 編
   本体2200円

4. 保育内容総論
   大豆生田啓友・渡辺英則・柴崎正行・増田まゆみ 編
   本体2200円

5. 保育課程・教育課程総論
   柴崎正行・戸田雅美・増田まゆみ 編
   本体2200円

6. 保育方法・指導法
   大豆生田啓友・渡辺英則・森上史朗 編
   本体2200円

7. 保育内容「健康」
   河邉貴子・柴崎正行・杉原 隆 編
   本体2200円

8. 保育内容「人間関係」
   森上史朗・小林紀子・渡辺英則 編
   本体2200円

9. 保育内容「環境」
   柴崎正行・若月芳浩 編
   本体2200円

10. 保育内容「言葉」
    柴崎正行・戸田雅美・秋田喜代美 編
    本体2200円

11. 保育内容「表現」
    平田智久・小林紀子・砂上史子 編
    本体2200円

12. 幼稚園実習 保育所・施設実習
    大豆生田啓友・高杉 展・若月芳浩 編
    本体2200円

13. 保育実習
    阿部和子・増田まゆみ・小櫃智子 編
    本体2200円

14. 乳児保育
    増田まゆみ・天野珠路・阿部和子 編
    未定

15. 障害児保育
    鯨岡 峻 編
    本体2200円

新・プリマーズ

A5判／美装カバー

社会福祉
石田慎二・山縣文治 編著
本体1800円

児童家庭福祉
福田公教・山縣文治 編著
本体1800円

社会的養護
小池由佳・山縣文治 編著
本体1800円

家庭支援論
高辻千恵・山縣文治 編著
本体2000円

発達心理学
無藤 隆・中坪史典・西山 修 編著
本体2200円

相談援助
久保美紀・林 浩康・湯浅典人 著
本体2000円

ミネルヴァ書房
https://www.minervashobo.co.jp/